KB262841

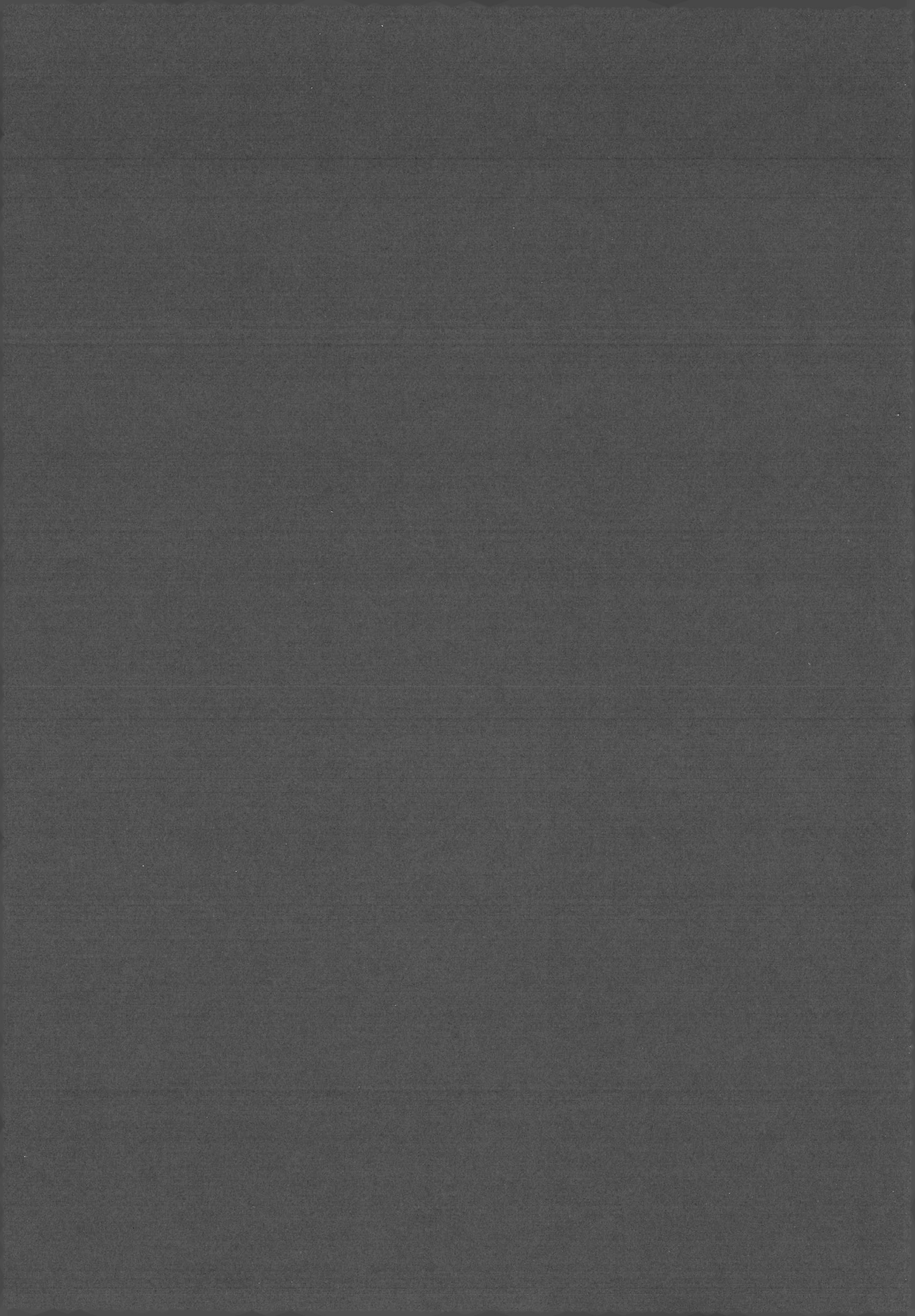

아카이브즈의 체계화

Organizing Archival Records

작은 아카이브즈를 위한
실용적인 정리 및 기술 방법

본서는 (사)한국국가기록연구원 번역지원사업으로 발간되었습니다.

아카이브즈의 체계화
작은 아카이브즈를 위한 실용적인 정리 및 기술 방법

초판 1쇄 발행 2015년 3월 10일

지은이 데이비드 W. 카마이클
옮긴이 신필립
펴낸이 윤관백
펴낸곳 도서출판 선인

등 록 제5-77호(1998.11.4)
주 소 서울시 마포구 마포대로4다길 4(마포동 324-1) 곳마루빌딩 1층
전 화 02)718-6252 / 6257
팩 스 02)718-6253
E-mail sunin72@chol.com
Homepage www.suninbook.com

정가 15,000원
ISBN 978-89-5933-871-9 94020

·잘못된 책은 바꾸어 드립니다.

아카이브즈의 체계화

작은 아카이브즈를 위한 실용적인 정리 및 기술 방법

데이비드 W. 카마이클 지음
신필립 옮김

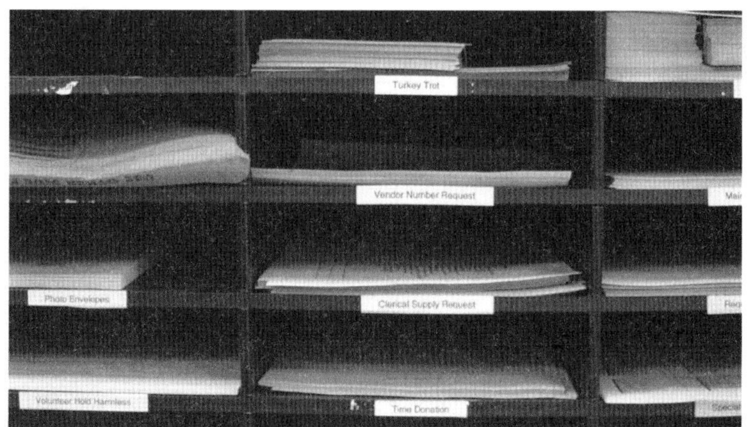

도서출판 선인

서문

미국의 기록 유산(documentary heritage)의 많은 부분이 작은 역사협회(historical societies), 도서관, 문화기관, 종교기관, 박물관에 남아있다. 이 기록 유산의 보존은 아키비스트를 제외하고, 자신의 일을 묵묵히 하고 있는 사람들의 헌신적인 노력에 달려있다. 나는 이 일을 하면서 아카이브즈에 지성, 열정 그리고 헌신을 보여준 수많은 사람들(도서관 사서, 학교 선생님, 경찰관, 엔지니어 그리고 TV 드라마 PD까지)을 만나왔다. 주로 자원봉사자인 이들은 오늘날의 전문 아키비스트들이 지니고 있는 깊이 있는 훈련을 거의 받지는 못했다.

내 동료 중 몇몇은 (감사하게도 이 책이 처음 발간되었을 때보다 더 적은 수가) 이들은 전통적으로 수년간의 연구 끝에나 터득할 수 있었던 기술(techniques)을 배울 수 없다고 논쟁한다. "선무당이 사람 잡는다"라고 말하며 이 참여자들은 집중 훈련을 받지 않았기 때문에 이들이 기록 일을 하는 것을 격려하기보다는, 역사적 문서(historical documents)가 더 좋은 관리를 받을 수 있도록 기록보존소(repositories)[1]로 이관하게 하거나 "전문가"가 관리할 수 있을 때까지 가만히 두도록 하는 것을 권장해야 한다고 믿는다. 그러나 나는 이에 동의하지 않는다.

이미 설립되어 있는 기록보존소로 —예를 들어 대학 아카이브즈가 다 허물어져가는 법원청사 다락방보다는 확실히 낫다— 역사적 문서를 이관하는 것이 옳다는 것도 이해된다. 또한 열심히 하는 아마추어 참여자들이 때때로 실수를 하는 것도 사실이다. 그러나 실수라는 것은 자원봉사자들만 하는 것이 아니다. 나는 일을 하면서 한두 가지 실수했다고 고백하지 않은 전문 아키비스트를 만나지 않은 적이 없다. 미국 역사 중 첫 200년 동안 역사적 문서들을 관리해온 사람들은 오늘날의 정의에 의하면 *모두* "아마추어"였다. 즉, 미국 독립선언서,

---

1. 역자주 : repository를 기록보존소로, archives는 아카이브즈로 번역했다.

미국 헌법 그리고 덜 알려졌지만 똑같이 소중한 수많은 문서들이 살아남은 것은 이들 덕분이다. 그들에게 우리는 미국의 전체 기억을 빚지고 있다.

만약 우리가 지역 역사협회, 공공도서관 역사실 그리고 수많은 다른 기록 보존소의 콜렉션에 묻혀있는 보물들을 끄집어내기를 원한다면, 우리는 기록학 학위를 받지 못할 사람들이 사용할 수 있는 도구를 제공해야 한다. 이들을 무시하는 것은 미국 역사 기록의 대부분을 잃어버린 것이라 여기고 단념해버리는 것과 같다. 전문적으로 훈련받은 아키비스트를 위한 자리는 항상 있을 것이다. 그러나 그것이 우리가 비전문가들의 기여를 인정하고 그들에게 더 좋은 도구로 도와줄 수 있는 필요성을 없애는 것은 아니다. 이 책은 전문가들의 논쟁 속에 존재하는 그 간극을 바로잡는 시도이다.

이 책이 처음 1993년에 출판된 이래로 적어도 두 권의 책이 내가 존경해 마지않은 동료에 의해 출판되었다. 그레그 헌터(Greg Hunter)의 *Developing and Maintaining Practical Archives*와 엘리자베스 야켈(Elizabeth Yakel)의 *Starting an Archives*는 기록관련 전 분야를 섭렵하는 훌륭한 책이다. 이 책은 내 경험에 비추어 비전문가들을 가장 혼란스럽게 하는, 기록물을 어떻게 정리하고 기술(description)할 것인가에 초점을 맞추었다.

정리와 기술(arrangement and description)은 다른 기록 관리 업무로부터 동떨어진 일이 아니다. 초판에서는 가령 기록물을 안전하게 다루는 법 및 안전한 보존시설 상태 유지와 같은 그런 많은 기록관리 업무에 대해서 간단히 짚고 넘어갔다. 이번 판에서는 독자들의 제안을 받아들여 이런 곁다리를 독립된 장(5장 정리와 기술을 넘어서)으로 편성하여 추가적인 가이드라인을 제공했다. 그러나 여전히 이 책의 주 의도는 정리와 기술을 논하는 것이다. 다른 기록관리 기능을 자세히 알아보기 위해서는 참고문헌에 나와 있는 다른 자료를 참고하길 바란다.

초판이 인쇄된 이래로 많은 것이 변했다. 우선, 컴퓨터가 어디서든 사용 가능하게 되었다. 아주 작은 기록보존소에서도 말이다. 그리고 대부분의 작은 기록보존소도 적어도 웹사이트 정도는 가지고 있다. 이 판본은 기술을 어떻게 전산화할 것인지에 대해서 이전 판보다 더 많은 정보를 제공한다. 또한 대부분의 기록보존소가 그들의 기술을 컴퓨터에 저장하거나 컴퓨터상에서 생산할 것이라 생각해, 3공 링 바인더와 카탈로그 카드와 관련된 과정을 삭제했다.

1993년 이래 두 번째 변화는 더 드라마틱하다. 오늘날의 작은 기록보존소도 전자기록을 보존하게 되었고 이 전자기록들도 정리되고 기술되어야 한다. 재정이 넉넉한 기록보존소에게도 전자기록을 어떻게 정리하고 기술할 것인가라는 문제는 어렵고 유동적이다. 이 주제에 관한 조언도 담았다. 독자들이 이 분야의 정리와 기술은 급속하게 변하고 있고, 이 책에서 제시된 조언은 더 최신 정보와 함께 봐야 한다는 점을 이해할 것이라 믿는다. 고맙게도 그런 정보는 이미 인터넷에서 이용 가능하다.

만약 당신이 비전문가라면 이 책은 당신을 고려해서 쓴 책이다. 당신의 수고가 없었더라면 미국 역사의 깊이와 넓이가 심각하게 빈약해졌을 것이다. 우리 기록유산을 보존하는 기관에 대한 당신의 헌신에 감사한다.

감사의 말

이 책의 초판이 1993년에 출판되었을 때 기록학적 정리와 기술은 대부분 카드 카탈로그나 가이드에 관련된 문제였다. 그 이후로 컴퓨터가 어디서든 이용 가능하게 되었고 아주 작은 기록보존소도 웹사이트를 제공하게 되었다. 3판은 이런 변화를 인지하였고 또 이런 변화가 정리와 기술이 행해지는 방식 및 사용자들에게 보여지는 방식을 어떻게 바꾸었는지를 고려하여 완전히 업데이트하였다. 이 판은 또한 아카이브즈가 전자기록을 정리 및 기술하고 있다는 사실도 반영하였다. 그러나 1993년 이래 기록학 지형에서의 엄청난 변화에도 불구하고 근본적인 정리와 기술 방법은 그대로이다. 전자기록에 관해서는 *Pratical e-Records*라는 블로그를 운영하는 크리스 프롬(Chris Prom)과 *Archivists Next*라는 블로그를 운영하는 케이트 테이머(Kate Theimer)의 조언을 받았다. 둘 다 유쾌한 동료들이고 그들의 통찰력에 감탄한다. 그들의 조언에서 출발했지만, 이 책에 실려있는 내용에 관한 책임은 나에게 있다.

이 책에 수록한 예시를 제공해준 모든 기관에 다시 한 번 감사드린다. 특히 화이트 플레인즈 시 아카이브즈(the Archives of the City of White Plains(NY)), 트룹 카운티 아카이브즈(The Troup (GA) Archives), 포트 워스 공공도서관(the Fort Worth (TX) Public Library)과 조지아 역사 협회(the Georgia Historical Society)에 감사드린다. 조지아 아카이브즈(the Georgia Archives)와 프랭크 핍스(Frank Phipps)가 사진 출판을 허락해주신 것에도 감사드린다. 알타미라 출판사(AltaMira Press)의 엘레인 맥가로(Elaine McGarraugh), 마리사 팍스(Marissa Parks), 그리고 로버트 하융가(Robert Hayunga)는 이 판이 인쇄되기까지 끈기를 가지고 일해주었다. 그들에게 감사한다. 더불어 3판이 필요하게 또 가능하게 해준 독자에게도 감사드린다.

　　이 책의 초판이 나온 이래 바뀌지 않은 한 가지는 내 아내 이본(Yvonne)에
대한 내 감사이다. 그녀는 집필에 대한 내 의지를 북돋아주었다. 이 책을 쓰느
라 많은 저녁과 주말 시간을 보냈음에도 말이다. 나는 그녀의 사랑과 지지에
감사한다.

목 차

Organizing
Archival Records

서 론

Organizing Archival Records

서론

이 매뉴얼은 역사적 기록물을 관리해야 하는 책임이 있지만 기록 업무와 관련해 정규 훈련을 받지 않은 사람을 위한 책이다. 당신은 역사협회나 종교기관, 학교, 도서관 혹은 시 정부에서 일할 수도 있다. 당신은 자원봉사자일 수도 있고 기타업무로 역사적 기록물의 관리를 맡은 직원일 수도 있다. 당신은 열정적으로 이 일을 하고 있을 수도 있고 혹은 단순히 상사가 책상 위에 던져줘서 하고 있을지도 모른다. 당신 상황이 어떻든 간에 이 매뉴얼의 목적은 당신의 일이 조금 더 쉬워지게 해주는 데 있다.

이 매뉴얼은 당신이 관리하는 문서를 정리 기술하는 한 가지 방법을 보여줄 것이다. 우선 기록학에서 말하는 정리와 기술에 관한 이론의 일부를 설명한 후에 단계별로 기록물과 매뉴스크립트의 정리와 기술 방법을 설명한다. *이 책에서 말하는 방법이 역사적 기록물을 정리 기술하는 유일한 방법이라고 생각해서는 안 된다. 실용적이라고 증명된 한 가지 방법일 뿐이다.* 여기서 말하는 단계들은 당신이 마주하게 되는 모든 상상가능한 상황에 적합하지 않을 수 있다. 그러나 이 단계들은 지역 역사가, 지방서기들, 사서들과 수년간의 컨설팅 결과로 나온 것이다. 그리고 그들의 콜렉션에서 보여지는 대다수의 기록물에 적용가능하다.

이 매뉴얼을 이용하는 가장 좋은 방법은 처음부터 끝까지 쭉 다 읽고 연습문제를 풀어보는 것이다. 각 연습문제를 다 풀어보는 것이 중요하다. 왜냐하면 답에는 종종 책에 포함되어 있지 않은 새로운 정보가 들어있기 때문이다. 다 읽어보고 난 후, 당신의 아카이브즈에서 1개의 기록 콜렉션을 선택해라. 그리고 그 콜렉션을 다 정리하고 기술할 때까지 3장에서 알려주는 스텝별 지시를 따라가 보아라. 그 후에 3장의 각 스텝을 각각의 콜렉션에 반복 적용해라.

1장
체계화의 목적(Purpose of Organization)

1장 체계화의 목적(Purpose of Organization)

정리와 기술을 하는 주요 이유는 당신 기관에서 보유하고 있는 기록물 속에서 발견될 수도 있는 연구자들의 질문에 대한 답을 찾는 데 있다. 연구자들이 던지는 질문은 "우리 시(town)의 첫 번째 시장(mayor)은 누구였을까?"와 같은 단순한 질문일 수도 있다. 혹은 "19세기 초 우리 시(市)에 살았던 사람들은 어떻게 살았을까?"와 같이 복잡할 수도 있다. 그러나 어떤 질문이든 당신이 정리하고 기술한 방식이 연구자를 도와줄 수 있을지 그리고 얼마나 빨리 도와줄 수 있을지를 결정할 것이다.[1]

당신은 많은 경우에 아마도 도서관을 이용해왔을 것이다. 아마 사서의 도움으로 단순히 적절한 책이 놓여있는 곳으로 가서 색인을 훑어보고 적절한 페이지를 넘겨보면서 질문에 대한 답을 찾았을 것이다. 연구자들은 아카이브즈에서도 이와 비슷하게 쉽게 도움을 받을 거라 종종 기대한다. 그리고 아키비스트들은 그것을 제공하려고 애쓰다 지친다. 그러나 기록물은 정리 및 기술 방식에서 도서관의 책과 몇몇 중요한 차이가 있다.

생산된 목적

책은 읽으려고 만들어진다. 시 정부(town government)에 대한 책의 저자는 사람들이 그 책을 읽고 해당 주제에 대해 더 배우기를 바란다. 그래서 독자들이 무엇을 필요로 하는지를 저자의 머릿속에 항상 새겨둔다. 그러나 기록물을 생산하는 사람들은 어쩌면 기록물을 이용할지도 모르는 연구자를 고려하지 않는다. 기록물은 사실 매일의 인간 활동의 부산물이다. 시의 첫 시장은 커뮤니티 멤버에게 시민단체 창립 발의에 대해 감사의 편지를 쓰면서 언젠가 연구자가

---

1. 물론 단순한 질문에 대한 답을 찾을 수 있는 첫 번째 위치는 출판된 자료 속이다. 그러나 그것에 대해 이전에 연구를 한 사람이 없다면, 누가 그 시(市)의 첫 번째 시장이었는지 알기 위해서는 아카이브즈에 와서 컨설팅을 해야 할지도 모른다.

아카이브즈에 와서 역사 연구를 위해 그 편지를 사용할 것이라고 생각하지 않는다. 이 기록은 시장의 일상적인 업무와 연결되어 생산된 것이고 특정 독자만 고려한 것이다. 대부분의 기록물에도 이것은 마찬가지이다. 기록물을 생산하는 사람들은 역사가나 연구자들의 편의를 위해 기록물을 만들지 않는다. 기록물은 연구자를 염두에 두고 만드는 것이 아니기 때문에 다른 점에서도 책과는 다른 경향이 있다.

주제의 특수성

책은 보통 한 가지 주제를 다룬다. 책이 팔리기를 원하는 저자는 시 정부에 관한 책을 쓰다가 조수(tide)에 관한 달의 영향을 논하는 장으로 벗어나지 않는다. 기록물을 생산하는 사람들에게는 그런 제한이 없다. 예를 들어, 시장의 편지 파일은 마약 교육부터 지역 재능대회 우승자나 신호등 설치에 관한 것까지 다양한 주제를 다룬다. 그래서 도서관에 있는 책은 분류가 가능하지만 즉, 시 정부에 관한 책은 다른 시 정부에 관한 책이나 정부 일반에 관한 책들이 있는 선반에 같이 둘 수 있지만 기록물은 분류하기가 쉽지 않다. 왜냐하면 기록물들은 주로 하나 이상의 주제를 다루고 있기 때문이다.

접근성

도서관 자료들은 분류될 수 있기 때문에 둘러보기 쉬운 방식으로 정리될 수 있다(그리고 기록물에 적합한 보안 수준을 요구하지도 않는다). 그 결과 도서관은 개가실(open stack)로 구성되어있다. 즉 이용객들이 선반 사이를 자유롭게 오가며 책 제목을 훑어볼 수 있다. 반대로 아카이브즈는 폐가실(closed stack)로 보통 구성된다(제5장 정리와 기술을 넘어서를 참조하라). 아카이브즈 이용객은 자신의 연구에 적합한 자료인지를 알아보기 위해 통로를 돌아다니며 콜렉션을 훑어볼 수 없다. 이 부분이 아키비스트에게는 큰 부담이다. 때때로 예측하기도 어려운 질문을 던지는 많은 다양한 연구자들의 요구를 충족시킬 만큼 각각의 콜렉션을 철저히 기술해야 하기 때문이다. 만약 기록물이 적절히 정리 기술되지 않는다면, 연구자들은 엉뚱한 장소에서 소득 없이 시간만 낭비하게 될 것이다.

자기 설명성(Self-Contextual)

마지막으로 책은 스스로 설명(self-contextual)하는 경향이 있다. 이 말은 그 책의 내용을 이해하기 위해 필요한 것은 모두 그 책 안에 들어있다는 말이다. 그 책의 의미를 이해하기 위해 그 책 이외의 것이 필요하진 않다. 만약에 당신이 도서관에서 책 한 권을 뽑아 들었는데 그 책의 앞뒤로 꽂혀있는 책들을 읽지 않고서는 그 책을 이해할 수 없다는 것을 알게 되었다고 상상해봐라. 사실 기록물에서는 종종 이런 사례가 있다. 왜냐하면 기록물은 맥락 속에서 의미가 이해되기 때문이다. 만약 파일 폴더 중앙에서 문서 1장을 뽑았다면, 그 문서를 이해하기 위해서는 그 폴더 혹은 다른 폴더 안에 들어있는 다른 문서들도 볼 필요가 있을 수도 있다. 우리는 이런 경우를 이메일에서도 마주한다. 처음에 보낸 이메일이 보통 답장에도 포함되어있다. 왜냐하면 처음 이메일 없이는 답장은 이해하기가 어렵기 때문이다. 얼마나 많은 이메일이 그냥 단순히 "오케이"라고만 답하는가? 원래 메일이 없이는 이런 답장은 의미가 없다. 답장은 맥락이 필요하다. 모든 기록물도 마찬가지이다. 사실 기록관리의 기초를 형성하는 두 가지 원칙(출처와 원질서)은 바로 맥락을 보존하기 위한 목적으로 만들어졌다.

출처(provenance)는 리차드 피어스 모즈(Richard Pearce Mose)의 *Glossary of Archival and Records Terminology* 라는 책에서 정의된 것으로 "기록관리의 기초 원리로, 기록을 생산하거나 수신한 개인, 가족, 혹은 기관을 의미한다." 그는 출처의 원칙은 "다른 기원(출처)의 기록은 그 맥락을 유지하기 위해서 따로 보관되어야 한다"라는 의미라고 말하고 있다. 다른 말로 해서, 한 콜렉션을 다른 콜렉션과 절대 섞어서는 안 된다는 말이다. 그렇게 하는 것은 맥락을 파괴하는 것이다.

같은 이유로 기록은 원래 순서대로 보관된다. 순서를 바꾸는 것 또한 맥락을 파괴하는 것이다.

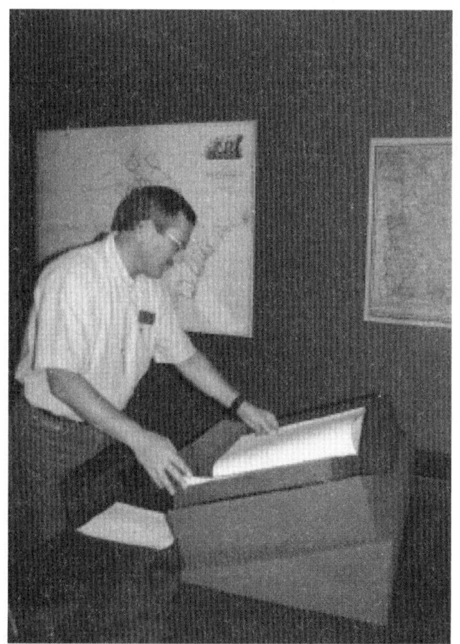

정리와 기술의 목표는 기록물이 더 많이 이용될 수 있게 하는 데 있다. 조지아 아카이브즈 제공.

▌정보가 이용되는 방법

마지막으로 도서관에서 찾은 정보와 아카이브즈에서 찾은 정보는 다르게 이용된다. 가령 연구자들이 자신의 질문에 답하기 위해 도서관과 아카이브즈에서 발견한 정보를 어떻게 다르게 사용할지를 생각해보자. 당신의 시가 백 주년을 기념한다고 하자. 그리고 연구자들은 두 가지 질문을 던졌다. "누가 이 시의 설립자들인가?" 그리고 "백 년 전 이 시에 살던 사람들의 삶은 어떠했나?" 연구자들은 아마도 그들의 연구를 도서관에서 시작할 것이다. 사서는 시의 역사와 관련된 책이나 다른 자료를 찾기 위해 도서관 카탈로그를 검색할 것이다. 연구자들은 선반으로 가서 관련 책을 혹은 그 선반에 같이 정리되어 있는 여러 권의 책을 찾을 것이다. 그리고 몇 분 후면 첫 번째 질문에 대해 답을 찾을 수 있다. 두 번째 질문은 도서관에서도 좀 더 찾기 힘들다. 그러나 다시 한 번 카탈로그를 검색하여 시의 역사나 질문에 나온 그 시대를 서술하는 책을 찾을 수 있다. 그리고 연구자들은 이 책들이 선반에 그룹 지어져 있음을 알 수 있다.

그런데 만약 시의 기원에 대해서 서술한 책이 한 권도 없다면 연구자들은 아카이브즈에서 연구를 수행해야 할 것이다. 이것은 초기 시 위원회의 회의록, 초기 증서들과 유언장, 그리고 시 설립과 관련된 다른 기록들을 자세히 살펴보는 것을 의미한다. 두 번째 질문에 관해 연구자들은 책에서 찾은 정보를 보충하기 위해서 그 시대에 쓰인 일기를 읽을 수도 있고, 사진을 찾아볼 수도 있고 신문기사를 읽거나 시에서 가장 나이 많은 사람이 녹음한 구술사를 들을 수도 있다. 기록보존소 내에서 사진이나 일기를 찾는 것은 쉬울지 모르지만, 당신이 정리 기술한 방법이 연구자가 전체 기록을 다 찾아야 할지 혹은 작은 부분으로 재빨리 좁혀나갈지를 결정할 것이다. 기록의 정리와 기술의 중요성은 연구 범위를 큰 콜렉션의 작은 부분으로 좁혀주는 데 있다.

인터넷 시대의 연구자들은 도서관이나 아카이브즈에서 연구를 시작하지 않고 인터넷 검색 엔진에서 키워드 검색으로 시작한다는 점을 짚고 넘어가야 한다. 이것은 어떻게 아카이브즈가 자신의 기록을 정리 기술해야 할 것인지에 대해 의미하는 바가 깊다. 인터넷 검색은 비록 가장 정확하지는 않을지라도 "누가 이 시를 세웠나?" 같은 간단한 질문에 답하는 제일 쉬운 방법일 수 있다.

그러나 더 복잡한 질문들은 깊이 있는 연구를 필요로 하고, 이것은 원래 자료를 살펴봄으로써 가능하다. 만약 당신이 기록에 대해 기술하지 않았거나 웹에서 이 기술을 이용 가능하게 해두지 않았다면 연구자들은 당신의 아카이브즈에 원 자료를 이용하기 위해서 방문하지 않을 것이다.

정보를 찾기 위해 검색범위를 좁혀준다는 말은 아카이브즈에 있는 모든 문서 하나하나에 색인을 만들어야 한다는 뜻이 아니다. 그건 책 저자의 몫이다. 아카이브즈는 도서관과는 다른 연구 경험을 제공하고 또 그래야만 한다. 위의 예에서 연구자는 도서관에서도 아카이브즈에서도 답을 찾을 수 있다. 도서관에서는 정보는 걸러지고 응집되고 깔끔하게 조직되어 있어 연구를 더 쉽게 해준다. 그러나 아카이브즈에서의 연구는 더 많은 노력을 필요로 하지만, 연구자들이 원 사료를 볼 수 있다는 이점이 있다. 즉, 이용자들에게 다른 연구자들이 부여한 관점에 영향받지 않고 가장 기본 단계의 자료에 접근할 수 있게 한다. 그래서 종종 연구에 도움이 되는 예상치 못한 발견을 할 수도 있다. 연구자들은 빠르게 특정한 정보를 손에 넣지 못할 수도 있지만, 기록이 적절히 정리되고 기술되어 있다면 분명히 필요한 답이 어디에 있는지는 알 수 있다. 당신이 해야 하는 가장 기본적인 일은 정보를 찾는 데 있어 범위를 좁혀주는 데 있다는 것을 명심해라.

정보 검색의 범위를 좁혀준다는 체계화의 목적을 이제 알았으니 이 목적을 달성하기 위해 사용할 수 있는 다양한 수준의 체계화를 살펴볼 차례이다. 다음 장에서 이를 살펴보자.

2장
체계화의 수준(Levels of Organization)

2장 체계화의 수준(Levels of Organization)

1장에서 우리는 도서관 자료와 아카이브즈 자료에 대해서 비교해 보았다. 이번 장에서 한 가지 더 비교를 하고 시작하자. 도서관은 다양한 수준(levels)에서 정리와 기술을 한다. 대부분 도서관에서는 아이템 수준에서 정리되어 카탈로그로 만들어진다. 즉, 책 한 권(혹은 다른 종류의 자료 하나)는 이 도서관 카탈로그에 기술되고, 다른 개별 책과의 관계에 기반해 선반에 정리된다. 그러나 사서들은 더 넓은 수준에서 정리하거나 기술하기도 한다. 가령 백과사전 한 세트에 들어있는 각각의 권을 카탈로그에 싣지 않고 전체 세트를 하나로 취급해 카탈로그에 실을 수도 있다. 때때로 두 수준 모두에서 기술되기도 한다. 도서관 카탈로그에서 "24권으로 된 찰스 디킨스 전집"이라는 설명과 24권 각각을 따로 설명하는 것이 그것이다. 우리가 도서관 카탈로그는 아이템 수준에서만 설명한다고 여기기 쉽지만 사실은 여러 수준이 있다.

아키비스트들도 역시 여러 수준에서 정리하고 기술한다. 아키비스트들이 아이템 수준에서 기술하는 경우가 드물다. 왜냐하면 아카이브즈에서 아이템이라고 하면 보통 문서 한 장을 말하는데 이 수준에서 카탈로그를 만들면 시간이 너무 많이 걸린다(사서가 책 한 권이 아니라 책의 낱장 1장씩 목록을 만든다고 상상을 해봐라). 그러나 도서관에서 종이 한 장 한 장이 책이라는 형태로 그룹 지어져 있는 것처럼 아카이브즈의 문서들도 비록 명백해 보이지는 않지만 자연적인 그룹으로 구성되어 있다. 이 그룹을 식별해내고 정리와 기술을 위해 그룹을 사용하는 것이 당신의 아카이브즈를 체계화하는 기초이다.

"그러나 오늘날의 사서들은 각각 페이지를 목록화하는 것보다 더 멋진 걸 해낸다. 그들은 책의 각 페이지를 스캔해 컴퓨터가 텍스트를 인식하게 하고 각 단어를 검색가능하게 한다. 기록물에서도 그렇게 할 수 없을까? 왜 그룹을 지어서 정리를 해야 할까? 전부 스캔해서 모두 키워드 검색이 되게 하면 안될까?"라고 당신은 말할 지도 모른다. 이것은 (손으로 쓴 문서는 키워드 검색에 좋지 않다는 사실을 제외하고) 적절한 질문이고 이에 대한 좋은 답이 있다. 사서 혹은 다른 사람이 도서관의 책을 스캔해서 검색가능하게 한다고 할지라도, 그것은 책이라는 구조를 유지한다. 왜냐하면 그렇게 하지 않으면 책 속의 정보는 맥락을 잃어버리고 이해불가능하게 되기 때문이다. 이것을 더 잘 이해하기 위해서 상상해보자. 스캔한 책을 온라인에 공급하는 업자가 1천5백만 권의 책을 스캔했다. 그런데 그 공급자가 모든 책을 우선 잘라서 모든 페이지를 섞어버렸다고 하자. 자, 이제 1천5백만 권의 책은 가령 15억 장으로 나뉘어졌다. 이것들을 한 장씩 다 스캔했다. 모든 단어는 키워드 검색이 된다. 당신은 이 15억 장의 페이지를 1천5백만 권의 온라인 책을 검색하는 것만큼 빠르게 그리고 쉽게 검색할 수 있다. 그러나 당신은 이에 대해 꽤 다르게 느낄 것이다. 왜냐하면 페이지들은 맥락을 잃어버렸기 때문이다. 당신의 검색은 당신의 질문에 대한 답을 찾아줄 수도 있지만 그러나 책의 다른 페이지 없이는 확신은 못할 것이다. 이 페이지에서 말하는 바다의 온도가 19세기 동안의 온도인가 아니면 지난해의 온도인가? 과학적 연구에 근거한 결론인가 아니면 설문조사에 의한 것인가? 정보는 책이 제공하는 맥락을 필요로 한다.

이것과 마찬가지로, 기록물도 —스캔되어 있고 키워드 검색이 가능해도— 맥락이 필요하다. 이것은 특정한 형태의 기록물, 가령 서신이나 회의록 등에서는 명백하다. 그러나 맥락이 *모든* 기록물에서 정말 중요한 것일까? 결론적으로 말하자면 그렇다. 결혼 기록을 찾는 족보학자가 단순히 자신의 조상의 데이터를 찾고 싶어한다고 하자. 여기에서는 맥락이 중요하지 않지 않은가? 나는 중요하다고 생각한다. 이용자가 정보 생산에 참여하는 웹사이트를 다 살펴보았고, 족보학자는 조(Joe)는 마르타(Martha)와 1847년 10월 10일에 결혼했다는 것을 찾아냈다. 그런데 이렇게 찾아내는 것과 공식 결혼 기록 콜렉션의 맥락 속에 있는 정보를 찾아내는 경험이 같다고 할 수 있을까? 공식 결혼 콜렉션이 지방 정부에 의해 아카이브즈로 정식 이관되어 정리되었고, 다른 정부 기록물과 어떤 연관성을 가지는지에 대해 신중하게 검토되어 온라인상에서도 제시되는 기록이라면 말이다. 만약 지방 정부의 웹페이지에서 조와 마르타가 1847년 11월 10일에 결혼했다라고 한다면 당신은 어떤 기록을 믿겠는가? 평범한 이용자라도 본능적으로 첫 번째 기록보다는 두 번째 즉 지방정부 웹페이지에서 발견한 기록이 더 믿을만하고 진실되다고 인식할 것이라고 생각한다. 맥락은 중요하다. 그리고 책의 페이지들이 책이라는 형태로 묶여져 있을 때 맥락이 이해되는 것처럼 기록물도 특정한 그룹이나 수준에서 묶여져 있을 때, 더 정확하게는 같이 보관됨으로써 맥락을 얻게 된다.

아키비스트는 전통적으로 5가지 −최근에는 4가지− 수준에서 정리와 기술을 해왔다. (상자 1을 참조하라) 이 매뉴얼에서는 우리는 오직 두 가지 수준만 논의할 것이다. 이 두 가지는 콜렉션 수준과 시리즈 수준이다. 이 용어들은 인수(accessions)라는 세 번째 용어와 함께 논의될 것이다.

<table>
<tr><td>상자 1</td><td>정리와 기술의 수준</td></tr>
</table>

캐나다-미국 기록 기술 테스크 포스(the Candian-U.S. Task Force on Archival Description, CUSTARD)의 원칙 성명에서 정리와 기술의 4 수준을 정의하고 있다. 가장 큰 수준에서 시작해서 가장 작은 수준으로 내려가며 설명한다.

기록 군 혹은 콜렉션(Record Group or Collection) : 모든 기록은 개인, 가족, 조직, 정부, 기업 혹은 다른 개체에 의해 생산된다. 예를 들어서 공공사업부(Public Work Department)의 모든 기록은 하나의 기록 군을 형성한다. 이 수준은 이 매뉴얼 전반에 걸쳐 논의된다.

시리즈(Series) : 같은 업무나 기능과 연관되어 있기 때문에 함께 파일링되어 있는 기록물 그룹. 예를 들어서 교량건설계약은 공공사업부 기록내에 있는 하나의 시리즈를 형성한다. 이 수준 역시 이 매뉴얼 전반에 걸쳐 논의된다.

파일/철(File Unit) : 정리되어 있는 기록물 그룹. 가장 단순하게 같은 주제, 업무, 트랜젝션과 관련된 파일 폴더. 만약 아카이브즈가 파일/철 수준에서 기술하기로 결정한다면, 아카이브즈가 이용자들에게 각 시리즈의 순차적인 폴더 목록을 제공한다는 것을 보통 의미한다.

아이템/건(Item) : 하나의 유닛. 보통 문서 한 건. 이 수준에서의 기술은 폴더에 있는 각 건의 리스트를 제공하는 형식일 것이다. 그런 자세한 기술은 텍스트로 된 자료에서는 드물지만 매우 중요한 서신이나 서명 콜렉션에서는 사용되기도 한다. 아이템/건 수준에서의 기술은 가령 지도나 사진 같은 텍스트 이외의 아이템/건에서 흔히 사용된다. 그리고 온라인에서 이용 가능하게 스캔된 아이템/건에도 흔히 사용된다.

더 전통적으로 아키비스트들은 5개의 수준에서 구분하였는데 기록군 혹은 콜렉션보다 더 높은 수준인 서고 수준이다. 서고 수준(repository level)은 하나의 서고에 들어있는 모든 기록을 의미한다.

■ 콜렉션(Collections)

모든 아카이브즈는 콜렉션으로 구성되어 있다. 당신의 아카이브즈가 타운 설립자 가족(성이 파운들링(Foundling)이라고 하자)에 관한 기록을 보유하고 있다면 그 기록은 "파운들링 가족 기록(Foundling Family Papers)"이고 하나의 콜렉션이다. 만약 당신이 지역 철도회사 기록을 가지고 있다면, 이것도 "마그네이트 철도회사 기록(Magnate Railroad Company Records)"이라는 또 다른 하나의 콜렉션이다. 이들은 각각 하나의 콜렉션을 구성하는데 하나의 원천(개인, 가족, 기관, 정부, 사무실, 사업체 혹은 다른 개체)에 의해서 생산되었거나 엮인 문서들로 구성되어있기 때문이다. 이것이 콜렉션의 출처(provenance) 즉, 기원이다.

콜렉션에는 아마도 많은 종류의 문서가 포함되어 있을 것이다. 파운들링 가족 기록에는 예를 들어서 서신, 일기, 사진 그리고 스크랩북 등이 들어있을 것이다. 그러나 이 모든 것이 하나의 콜렉션을 구성한다. 왜냐하면 하나의 가족 혹은 개인에 의해서 생산되었거나 엮였기 때문이다. 같은 이유로 마그네이트 철도회사 기록에도 아마 서신, 송장, 영수증 그리고 지도나 사진 등이 포함되어 있을 것이다. 다시 한 번 말하지만, 이 다양한 기록물들이 하나의 콜렉션을 이룬다. 왜냐하면 하나의 기관 혹은 사업체가 이 기록들은 생산했거나 엮었기 때문이다. 비록 마그네이트 철도회사 기록에서 파운들링 가족의 누군가가 보낸 편지가 들어있다 해도 이것을 파운들링 가족 기록으로 옮겨서는 안 된다. 왜냐하면 이것은 마그네이트 철도회사의 업무기록의 한 부분이기 때문이다.

| 아카이브즈 혹은 매뉴스크립트?

이 매뉴얼에서 우리는 콜렉션에 대해 단순화시키고 있다. 그러나 당신은 아키비스트들이 두 가지 형태의 콜렉션 즉 아카이브즈(기관이나 조직의 역사 기록)와 때때로 개인 기록으로도 불리는 매뉴스크립트(개인이나 가족의 역사 기록)을 기술적으로 구분하는 것에 대해 알고 싶어 할 수도 있다. 이 구분은 센터빌 시(town of Centerville)에 있는 두 가지 기록보존소 즉 센터빌 정부 아카이브즈(the archives of the government of Centerville)와 센터빌 역사협회(The Centerville Historical Society)를 떠올리면 구체화될 수 있다.

센터빌 정부 아카이브즈

센터빌 정부 아카이브즈는 진정한 아카이브즈이다. 왜냐하면 이 아카이브즈는 시 정부라는 조직에 의해서 세워졌고 그 기본 임무는 기관 외부에서 생산된 기록을 모으는 것이 아니라 그 기관의 기록을 수집하는 것이기 때문이다. 한편 센터빌 역사 협회는 기술적으로 말하자면 매뉴스크립트 보관소이다. 왜냐하면 주된 임무가 시민들의 개인 기록이나 모 기관 이외의 기관들(정부기관이 아닌 조직이나 사업체)에 의해서 생산된 기록을 모으는 것이기 때문이다. 물론 실질적으로 두 기록보존소 모두 다양한 기록을 수집하고 있을 지도 모르고 대부분의 사람들은 둘 다 "아카이브즈"라고 부를지도 모른다. 하지만 우리는 이 둘을 기술적으로 구분하고 있다.

센터빌 정부 아카이브즈는 정부 조직의 일부이고 모 기관(시장실, 서기실, 그리고 시의 다른 부서)의 기록을 모은다. 아카이브즈로 기록이 들어오면, 기록물은 생산자에 기초하여 그룹 지어진다. 즉 센터빌 정부의 부서에 따라 구분된다. 만약 서기실에서 아카이브즈로 결혼 증서를 이관했다면 이 증서들은 서기실에서 생산되거나 엮은 이미 아카이브즈에 들어와있는 다른 기록과 그룹으로 묶이게 된다. (우리는 나중에 그룹핑에 대해서 자세히 다룰 것이다. 그러나 지금 이 기록들이 물리적으로 꼭 한 곳에 모여있을 필요는 없다는 것을 이해해야 한다. 선반이 아니라 컴퓨터나 혹은 종이 상에서 그룹 지어져 있는 것이다. 지금은 그러나 선반에 같이 놓여있다고 상상하고 싶을지도 모른다.)

아키비스트는 조직의 한 유닛(unit)(정부, 사업체, 교회)이 생성한 모든 기록을 "기록군(record group)"라고 부른다. 정부의 경우 조직의 유닛(unit)은 보통 정부를 구성하는 부서(departments)나 실(offices)을 말한다. 이 말은 센터빌 정부 아카이브즈에서는 시 서기실에서 생산되거나 엮은 모든 기록은 하나의 기록군(시 서기 기록군)을 형성한다는 의미이다. 시장실에서 생산되거나 엮은 모든 기록은 또 다른 하나의 기록군(시장 기록군)이다. 이것의 목적은 하나의 부서나 실에서 생산된 기록을 다른 부서에서 생산된 기록과 분리해서 유지하기 위함이다. 기억해라. 기록의 맥락은 매우 중요하다. 그리고 만약 당신의 한 실의 기록을 다른 실의 기록과 섞어버리면 당신은 맥락을 파괴한 것이다.

예시 2(139쪽)는 뉴욕 화이트 플레인즈 법원(City Court of White Plains, New York) 아카이브즈에 있는 하나의 기록군을 보여준다.

센터빌 역사협회

센터빌 역사협회도 개념은 같다. 한 사람, 가족 혹은 사업체가 생산하거나 수집한 기록을 다른 사람이 생산한 기록과 섞지 말라는 것이다. 그러나 한 사람이나 가족에 의해 생성된 모든 기록을 언급할 때는 매뉴스크립트 군(manuscript group) 혹은 콜렉션이라는 용어가 사용된다(매뉴스크립트 군의 예로 예시 1,4,5를 참조하라). 물론 역사협회는 사업체나 교회 혹은 사교클럽 같은 조직의 기록도 아마 수집할 것이다.

역사협회는 아마도 아카이브즈가 가지고 있는 기록 군보다 더 많은 수의 매뉴스크립트 군을 가지고 있을 것이다. 역사협회의 경우 기증받거나 구입한 대부분 거의 모든 새로운 기록물은 새로운 매뉴스크립트 군이 된다. 그러나 정부 아카이브즈에서는 이관된 거의 모든 기록물은 기존의 기록 군에 편입된다. 역사협회는 주로 한 번에 전체 매뉴스크립트 군을 다 받지만, 아카이브즈는 한 번에 기록 군의 한 부분만 받을 것이다(대부분의 실에서 한번에 기록을 모두 아카이브즈로 보내지는 않는다). 실이 다른 실과 통합되거나 폐지되는 것이 아니라면 그 기록 군은 완료되거나 "닫히지(closed)" 않는다.

기록보존소(repositories)는 그들의 기록 군이나 매뉴스크립트 군을 다양한 방법으로 다룬다. 하지만 중요한 점은 기록 군이든 매뉴스크립트 군이든 간에 생산자가 가장 중요하다는 점이다. 한 사람 혹은 한 무리에 의해서 만들어진 기록은 절대 다른 사람이나 다른 무리가 만든 기록과 섞이면 안 된다. 아키비스트들은 기록 군, 매뉴스크립트 군이라는 개념과 출처의 원칙을 발전시킴으로써 이것의 중요성을 강조해왔다.

이 매뉴얼에서 우리는 한 사람, 가족, 사업체 혹은 기관이 생산한 어떤 기록물 군이든 이를 "콜렉션"이라고 부르면서 단순화시킬 것이다. 처리과정이 모든 종류의 콜렉션에 똑같이 적용되지 않는 몇몇 예에서만 아카이브즈와 매뉴스크립트를 구별해 각각을 다루는 다른 방식에 대해서 설명할 것이다. 당신이 기록물을 정리하고 기술하기 시작했으니 당신은 그것들을 모두 "콜렉션"으로 다루고 아카이브즈와 매뉴스크립트 사이의 미세한 구분을 무시하고 싶을지도 모른다. 그러나 나중에 정리와 기술 이론에 더 익숙해지고 더 기술적인 기록학 서적을 접한 후에는 기록보존소 내의 기록 군과 매뉴스크립트 군을 구분해야겠다고 결정할 수도 있다. 만약 이 매뉴얼에 나오는 단계들은 찬찬히 따라

온다면 당신은 언제든지 돌아가서 그렇게 할 수 있을 것이다.

누가 콜렉션을 생산하는가?

콜렉션의 생산자 혹은 엮은이(creator or compiler)를 식별하는 것은 매우 중요하다. 누가 콜렉션을 생산했는지를 아는 것은 언제, 어디서, 그리고 왜 이 기록이 모아지게 되었는지에 대한 단서를 준다. 또한 이것은 당신과 미래의 연구자에게 이 기록이 제공하는 의도에 대한 통찰력을 줄 뿐만 아니라 맥락 속에서 전체 콜렉션과 이 기록을 배치하게 도와준다. 어떤 의미에서 보면 콜렉션의 생산자는 그 콜렉션의 "저자"이다. 사서가 책의 저자에 대해서 알고 싶어하는 것처럼 아키비스트들도 누가 콜렉션을 "만들었는지(authored)"에 대해서 알고 싶어한다. 사실, 보통 콜렉션 명을 지을 때 생산자나 엮은이의 이름을 따서 짓는다. 나중에 이 매뉴얼의 단계들을 따라가다보면, 당신은 생산자를 식별해내고 콜렉션 명을 지어줄 수 있게 될 것이다. 지금은 콜렉션의 개념을 더 잘 이해할 수 있기 위해 어떻게 생산자를 식별할지에 대해서 논의해보자.

내가 콜렉션의 "생산자 혹은 엮은이"라고 한 점에 주목해보자. 그것은 콜렉션의 모든 문서들이 한 개인이나 한 기관에 의해서 작성되어지지 않기 때문이다. 오히려 생산자와 엮은이는 몇몇 문서를 작성하거나 혹은 다른 문서를 수집하면서 콜렉션을 모은 사람 혹은 기관이다.

보통 생산자나 엮은이의 정체는 명확하다. 콜렉션을 들여다보면 존 심프슨(John Simpson) 혹은 베켓(Beckett) 가족이나 혹은 센터빌 시 서기실에서 기록을 생산한 것을 알 수 있다. 그러나 때때로 이 정보를 알아내기 위해서 기록물을 자세히 조사해야 할 때도 있다. 극단적인 예를 들자면, 서명 콜렉션을 보고 있는 아키비스트가 처음에 훑어 보고는 이를 서신 콜렉션으로 여기는 실수를 할 수가 있다. 이 문서들은 서명을 수집하는 어떤 사람에 의해서 의도적으로 모아진 것(혹은 엮어진 것)이라는 사실은 자세히 조사를 해본 뒤에나 명백해질 수 있다. 그런 콜렉션은 서명 수집가의 콜렉션으로 여겨지고 서명 수집가의 이름을 따서 불려질 수 있다. 유명한 예로 "존 피어폰트 모건의 독립헌장 서명자 콜렉션(The John Pierpont Morgan Collection of the signers of the Declaration of Independence)"이 그것이다. 수집가는 각 문서를 생산하지 않았지만 문서를 구매해서 콜렉션으로 엮었다. 수집가가 의도적으로 콜렉션을 만든 것이다. 운이 좋게도 그런 경우는 작은 아카이브즈에서는 드물다.

작은 아카이브즈에서 더 빈번하게 볼 수 있는 것은 처음보면 한 가족 전체가 만든 것처럼 보이지만 사실 그 가족 중 한 사람이 엮은 콜렉션이다. 예를 들면 이 콜렉션에는 다양한 가족 구성원의 이름이 적혀있는 여러 편지가 들어있을 수도 있다. 그러나 한 사람이 이 편지들을 받았을지도 모른다(그리고 그 사람이 엮었을지도 모른다). 이 콜렉션은 가족 전체의 콜렉션이 아니라 그것을 엮은 한 사람의 콜렉션이 된다(콜렉션이 형성되는 다양한 방법에 대한 논의는 상자2 콜렉션은 어떻게 생성되는가를 참조하라).

상자 2 　 콜렉션은 어떻게 생성되는가

기록 콜렉션은 많은 방식으로 만들어진다. 아래의 예시는 가장 일반적인 방법에 대해서 설명한다.

개인이나 조직이 일상 업무의 일환으로 새로운 기록을 생산하는 경우 :
　회사가 고객과 서신을 주고 받고 송장을 발부하거나, 사교 클럽에서 회의록을 만들 때 이 기관들은 콜렉션을 만들고 있는 것이다. 개인은 일기 같은 새로운 기록을 만드는 것으로 콜렉션을 생성할 수 있다.

개인이나 조직이 일상업무의 일환으로 기록을 수신하는 경우 :
　어떤 콜렉션은 수신한 기록에서 비롯된다. 한 기업이 고객으로부터 편지를 받거나 개인이 가족 구성원으로부터 편지를 받는 경우이다.

어떤 구체적인 의도를 가지고 개인이 기록을 수집하는 경우 :
　예를 들면 서명 수집가들이 의도적으로 서명이 있는 편지를 모으는 경우이다. 혹은 대학교수가 연구 파일을 경우도 해당된다. 두 경우 모두 어떤 구체적인 의도를 가지고 기록을 모아서 콜렉션을 만든 것이다.

어떤 사람이 다른 사람에게서 받은 기록을 보관하는 경우 :
　어떤 사람이 단순히 부모님이나 조부모님 혹은 친구 등 다른 사람으로부터 받은 기록을 보관함으로서 수동적으로 콜렉션을 만드는 경우이다.

당신은 때때로 콜렉션을 식별하면서 그리고 누가 생산했고 혹은 엮었는지를 알아내면서 실수를 할 것이다. 그런 실수로 너무 애태우지 말아라. 그러나 그렇다고 이 단계를 당연한 걸로 여기지도 말아라. 콜렉션을 누가 만들었는지 아는 것은 정리와 기술의 중요한 첫 번째 단계이다. 이 정보를 모으는 가장 좋은 때는 콜렉션이 기증되거나 들어온 때라는 것을 기억해라. 기증자는 콜렉션의 기원에 대해서 다른 사람들보다 더 많이 알 것이다.

더 나아가기 전에 연습문제 A를 봐라. 콜렉션의 개념에 대해서 더 배울 수 있도록 도와줄 것이다. 이 연습문제는 생산자의 이름과 묘사하는 어구를 붙임으로서 콜렉션 명을 정하는 문제이다. 3장의 스텝 4에 이르면 콜렉션 명에 묘사하는 어구를 덧붙이는 것에 대해서 더 자세히 배울 것이다. 지금은 연습문제 A의 각 질문에 생산자 혹은 엮은이의 이름을 정하는 것에 집중하자.

▌ 시리즈(Series)

시리즈는 콜렉션의 부분이다. 당신은 시리즈를 콜렉션을 짓는 벽돌이라고 말할 지도 모른다. 만약 "마그네이트 철도 회사"의 기록을 찬찬히 조사해보면, 당신은 기록들이 개별 그룹으로 자연스럽게 나누어지는 것을 발견할 것이다. 어떤 기록은 "외상매입장부"—회사가 빚지고 있는 돈을 적어둔 원부—일지도 모르고 어떤 기록은 "자산기록"—회사가 소유하고 있는 빌딩이나 땅에 관한 기록—일지도 모른다. 다른 기록들은 "인사기록"—회사의 직원 관련 문서—일수도 있다. 각각의 기록은 하나의 시리즈를 구성한다. 시리즈란 같은 업무, 행위와 관련되어 있기 때문에 한 곳에 모아둔 일련의 기록이다.

더 공식적으로 말하자면 시리즈는 의도적으로 생산되었거나 특정한 방식으로 파일링된 문서나 파일 유닛으로, 사람들이 특정한 업무 혹은 기능(function)을 수행할 수 있게 하는 것이다. 더 쉽게 풀어서 말하자면, 하나의 시리즈에 들어있는 모든 기록은 같은 기능을 가지고 있다. 외상매입장부는 하나의 시리즈이다. 왜냐하면 하나의 기능을 가지고 있기 때문이다. 즉, 회사가 누구에게 얼마나 많은 돈을 빌렸나 같은 것을 알려준다. 이것처럼 자산기록도 하나의 시리즈를 형성한다. 왜냐하면 이들도 역시 하나의 기능을 가지고 있기 때문이다. 즉, 철도 루트를 따라서 회사가 소유하고 있는 땅을 문서화 해둔 것이다. 인사파일도 하나의 시리즈이다. 왜냐하면 이 기록들은 회사에서 일하는 직원에 관한 기능을 담고 있기 때문이다.

다른 예를 들자면 "파운들링 가족 기록"은 3개의 시리즈로 구성되어 있을 수 있다. 예를 들어 어떤 기록은 가족 사업에 관한 기록을 담고 있고 다른 어떤 기록은 시의 시장으로서 파운들링 여사의 재임기간 동안의 기록일 수 있다. 세 번째 시리즈는 파운들링 씨의 지역 심포니 설립자로서의 활동내역을 담고 있다. 각각의 시리즈는 하나의 활동과 연관되어 있다.

여기서 기록의 형태(form)에 대해서는 말해진 바가 없다는 점에 주목하라. 가령 외상매입장부는 느슨히 묶여져 있는 철이나, 합본(bound volumes), 색인카드, 전자 스프레드시트 혹은 이 4가지를 다 섞은 형태로 아카이브즈에 들어올 수 있다. 사실 한 시리즈의 기록은 형식(format)에 있어서는 완전히 다를 수 있다. 그러나 만약 같은 기능을 가지고 있다면 이것들은 같은 시리즈에 속해야 한다.

시리즈는 콜렉션에서 보통 당신이 만들어내는 무언가가 아니다. 오히려 콜렉션에서 당신이 *발견*해내야 하는 무언가이다. 그것은 이미 그 속에 들어있다. 사실 당신이 발견하려 애써야 하는 것은 기록을 생산하거나 엮은 사람들이 문서를 사용할 당시 어떻게 이것을 그룹 지었는가이다. 사람들은 문서를 기능으로 그룹 짓는 경향을 가지고 있기 때문에 운이 좋다면 기록들이 원래 그룹핑(grouping)된 대로 박스에 깔끔하게 정리되어 들어올 지도 모른다. 만약 그렇다면, 그 원 질서를 잘 유지하는 것이 중요하다(원 질서는 기록 이론의 기초적인 원리 중 하나이다. 당신이 기록물을 다룰 때마다 원 질서를 잘 유지하는 것이 정말 중요하다. 그래서 생산자가 만들어 놓은 순서 그대로 아카이브즈에 도착할 수 있도록, 많은 아키비스트들은 기증자의 집에 직접 가서 기록물을 상자에 넣어서 가져온다).

만약 기록이 엄청나게 흩트려져 있다면, 원래 시리즈를 다시 만들어줄 필요가 있을지도 모른다. 그러나 비록 흩트려진 기록일지라도 사실은 원래 그룹핑을 반영하고 있을지도 모른다. 조심스럽게 보아라. 흩트려진 기록을 생산자가 원래 어떻게 조직해두었는지를 발견하는 가장 좋은 방법은 어떤 기록이 같은 기능을 하는지 찾아내는 것이다. 때때로 어떤 기록이 같은 기능을 하는 건지 구분하기 어려울 때가 있다. 그러나 살펴볼 몇몇 단서가 있다.

단서1 파일링 시스템(filing systems) : 같은 기능을 하는 기록들은 주로 어떤 체계적인 방법으로 같이 파일링 되어있다. 인사 파일에는 다양한 문서들이 포함되어 있는데, 처음에 보기에는 공통적인 것이 없어 보일 수 있다. 채용지원서, 의료 자료 양식, 다양한 테스트 결과 등등이 그것이다. 그러나 이 기록들은 식별할 수 있게 파일링되어, 아마 시간순서(채용 날짜순)나 알파벳순서(직원 이름순)로, 정리되어 아마 같이 들어올 것이다. 왜냐하면 이 다양한 기록들이 하나의 기능 즉, 회사 직원들에 관한 기록이기 때문에 이들은 서로 연관되어 있고 하나의 시리즈를 이룬다.

단서2 내용(content) : 만약에 같은 내용을 가진 기록, 혹은 매우 비슷한 정보를 담고 있는 기록이 있다면 이들은 아마 같은 기능을 하고 있다. 모든 외상매입장부 기록은 같은 종류의 정보를 담고 있다. 즉, 돈 빌려준 사람의 이름, 빌린 액수, 갚은 날짜 그리고 다른 정보들 등이다. 이 기록들이 같은 기능을 하고 있기 때문에 같이 철로 묶였을 것이다.

단서3 형식(format) : 이것은 잘 속기 쉬운 단서이다. 우리가 이제까지 보았듯이 하나의 시리즈에는 다양한 형식의 기록물이 들어있다. 그러나 때때로 형식은 기능을 파악하는 단서가 될 수 있다. 예를 들어서 어떤 사람이 당신의 아카이브즈에 하나의 시리즈로 구성되어 있는 항공 사진 콜렉션을 기증했다. 시리즈 속 모든 사진은 같은 형식을 띠고 있다.

이 모든 것이 단서이지만 다음 조건을 만족할 때만 시리즈로 묶일 수 있다는 것을 명심해야 한다.

- 같은 활동이나 기능과 모두 연관되어 있을 때,
- 생산자 혹은 엮은이(혹은 기관이나 사무실 등)가 그 기록을 같이 보관했을 가능성이 있을 때

당신은 한 콜렉션이나 한 시리즈를 구성하는 데 얼마나 많은 문서가 필요할까라는 의문을 갖을지도 모른다. 각 질문에 대한 대답은 이론적으로는 적어도 1장이다. 하나의 시리즈는 단 1장의 문서로도 구성될 수 있다. 비록 그럴 것 같지는 않지만 말이다. 콜렉션은 하나의 시리즈로 구성될 수 있다. 특히 개인이나 가족 콜렉션의 경우는 종종 하나의 시리즈로 구성된다. 왜냐하면 개인은

기관처럼 신중하게 그들의 기록을 항상 철하지는 않는다. 그러나 대개의 경우 시리즈에는 많은 기록이 있고 콜렉션에는 많은 시리즈가 포함되어 있다. 연습 문제 B가 콜렉션 내에서 시리즈를 식별하는 방법을 알려줄 것이다. 연습문제 를 푼 다음에 인수(accession)이라는 용어를 살펴보자.

> ### 시리즈 측면에서 "아카이브즈"와 "매뉴스크립트" 사이의 차이
>
> 기업체나 기관의 역사적 기록은 거의 항상 하나 혹은 그 이상의 시리즈를 가지고 있다. 그런 조직의 부서들은 각기 구체적인 기능을 수행하기 위해 존재한다. 따라서 그들의 기록은 보통 이 기능들을 반영하는 방식으로 조직 되어 있다(비록 만약 생산자가 기록을 잘 조직화 해두지 않았다면 시리즈를 식별하기가 어려울지도 모르지만 말이다). 한편 개인은 자신이 수행하는 다 양한 기능들을 잘 구별하지 않는다. 그리고 그들의 기록도 이 사실을 반영 한다. 여름캠프 카운슬러이기도 한, 어떤 지역의 고등학교 선생님의 기록에 서 두 가지 기능을 구별해내기는 매우 어렵다. 예를 들어서, 예시 7의 맥파 란(Mcparlan) 콜렉션의 기술과 예시 2의 도시법정 기록을 비교해보자. 도시 법정 기록은 깔끔하게 2개의 시리즈(법정 사건일람표와 시정 사건일람표)로 구성되어 있다. 반면에 선생님의 기록은 전혀 명백한 시리즈가 없다. 이렇 게 조직화 되어 있지 않는 경우가 개인 기록 콜렉션에는 흔하다. 구분되는 시리즈를 가진 매뉴스크립트 콜렉션 예시는 예시 1과 5를 참조하라.

■ 인수(Accessions)

인수는 기증되거나 혹은 함께 아카이브즈로 이관된 일련의 기록물이다. 단순 히 말해서 아카이브즈의 문턱을 함께 넘어온 모든 기록은 하나의 인수다. 만 약 존스(Jones) 여사가 3박스의 기록을 기증했다면 이것은 하나의 인수를 구성 한다(물론 아카이브즈는 물리적 법적 보관권(custody)을 취득해야 한다. 5장을 참조하라). 대부분의 작은 아카이브즈에서 각각의 인수는 하나의 콜렉션이다. 즉, 존스 여사의 3박스는 아마도 한 개인이나 하나의 그룹에서 만든 어떤 기록 일 것이다(이미 같은 사람이나 그룹에 만든 기록이 아카이브즈에 존재하고 있 을 수도 있다. 활동 중인 사업체나 기관의 기록이라면 더 그럴 가능성이 높다.

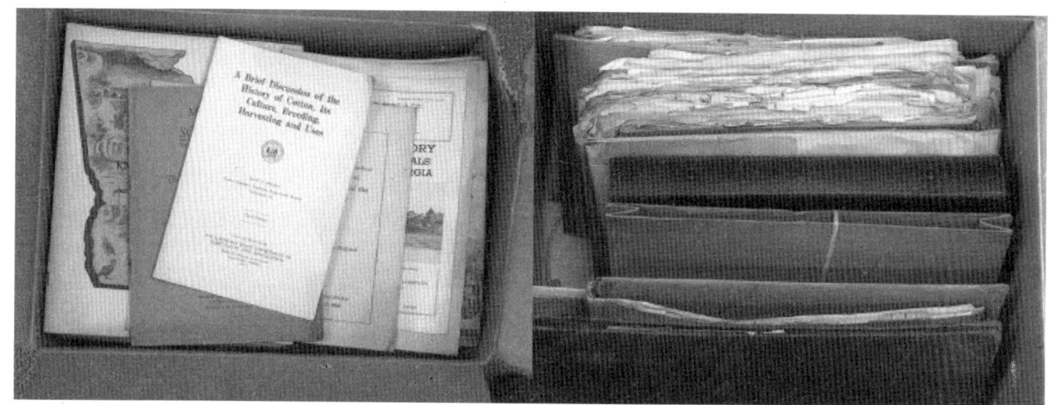

새로운 인수는 종종 무질서한 것처럼 보인다. 그러나 정리와 기술하는 과정 내내 원 질서를 유지하는 것이 중요하다. 프랭크 핍스(Frank Phipps) 제공 사진.

이런 경우 어떻게 해야 할 지는 이후에 배우게 될 것이다).

당신은 여기서 멈추고 "콜렉션", "시리즈" 그리고 "인수"라는 용어에 익숙한 지 확인하고 싶을지도 모른다. 연습문제 C가 당신을 도와줄 것이다.

각각의 인수 등록하기

기록이 아카이브즈에 도착하면 각각의 새로운 인수에 대해 계속 추적(keep track)해 나가는 것이 필수이다. 인수를 등록하기 위해서는 다음의 단계를 따라 가라. 이 부분은 이 매뉴얼을 읽기 전에 아카이브즈에 이미 들어와 있는 기록 을 어떻게 해야 할 지에 대해서도 알려줄 것이다.

1. 인수 양식(Accession Sheet)을 작성완료하라

〈그림 1〉에서 볼 수 있는 양식이 인수 양식이다. 〈그림 2〉는 작성 완료된 인수 양식의 예이다. 당신은 각각의 새로운 인수별로 기록물이 아카이브즈에 들어오는 당일에 이런 혹은 비슷한 형태의 인수 양식을 작성 완료해야 한다.

이 양식이나 혹은 이 책에서 볼 수 있는 어떤 양식이든 종이보다는 컴퓨터 상에서 만드는 것이 낫다. 만약 데이터베이스를 만들 줄 안다면 이 양식을 데이터베이스 포맷으로 쉽게 변환시킬 수 있을 것이다. 그러나 가장 간단한 방법은, 마이크로소프트 워드(Microsoft Word)나 코렐 워드퍼펙트(Corel WordPerfect) 같은 소프트웨어를 이용해서 새로운 인수마다 각각의 워드 프로세싱 문서를 만드는 것이다. 만약 양식을 만들 줄 안다면, 양식을 만들어서 각각의 새로운 인수별로 양식을 작성 완료하면 된다. 만약에 양식을 만들 줄 모른다면, 워드 프로세싱 소프트웨어에 인수 양식이라고 그냥 타이핑하고 당신이 문서 작성할 때 내용을 정리하는 방식을 일관되게 해라. 컴퓨터에 동일한 방식으로 제목을 쓰고 이 양식을 철해두어라. 예를 들어 "인수 양식 2013", "인수 양식 2014" 등

인수 번호 : ▭

인수 양식

인수된 날짜 : ▭

유닛 개수 : ▭

위치 : ▭

부여받은 콜렉션 번호 : ▭

제목 : ▭

원 기증자 혹은 : ▭
사무실 이름 :

주소 : ▭

이메일 : ▭

전화번호 : ▭

주기 :

그림 1. 인수 양식(accession sheet)

으로 폴더를 분리해서 만들어라. 각각의 폴더에 인수 번호 "2013-01", "2013-02" 등을 사용하여 문서의 제목을 만들어라. 이렇게 하게 되면 컴퓨터에서 인수 번호만 찾아도 인수 양식을 찾을 수 있는 장점이 생긴다.

	인수 번호 : 2003-10

인수 양식

인수된 날짜 :	2/14/2003
유닛 개수 :	2박스, 3합본, 14개 오디오 카세트
위치 :	인수실 선반 1과 2
부여받은 콜렉션 번호 :	1
제목 :	크롬웰 가족 기록
원 기증자 혹은 : 사무실 이름 :	제인 하워스
주소 :	오하이오 센터빌 127 동 파크 거리, 44112
이메일 :	
전화번호 :	671-888-0932

주기 : 제인 하워스는 메러디스 크롬웰의 조카딸이다. 그녀는 이 기록을 작년에 메러디스 집의 다락을 청소하다가 발견하였다. 크롬웰 가족은 센터빌 시의 초기 주민이었다.

그림 2. 완성된 인수 양식

인수 양식은 다음 정보를 포함하고 있어야 한다.

인수 번호(Accession Number) : 이것은 고유한 번호로 기록이 정리 기술되기를 기다리며 선반에 놓여있는 동안 기록을 식별하기 위해 사용된다. 인수 번호를 생성하는 한 가지 방법은 기록이 아카이브즈로 들어온 년도를 이용해서 뒤에 연속 번호를 매기는 것이다(가령 2013-1은 2013년에 들어온 첫 번째 인수이다. 다음 인수는 2013-2, 세 번째는 2013-3 등으로 번호를 매기면 된다. 2014년이 되면 2014-1로 시작하면 된다). 그러나 들어오는 인수에 번호를 매기는 것을 결정할 때, 똑같은 번호를 두 번 할당하지 않기 위해서는 어떤 번호를 사용했는지 추적할 수 있어야 한다. 이 단락에서 나는 "2013-1"이라는 번호를 사용했고 이전 단락에서는 "2013-01"이라는 번호를 썼다. 둘 다 맞다("2013-001"도 맞다). 그러나 번호를 어떻게 구성할지를 결정해야 하고 일관되게 적용해야 한다. 당신이 번호를 매기는 방식은 컴퓨터에 영향을 줄 수 있다. 당신의 컴퓨터는 소프트웨어에 따라 다르겠지만 번호를

2013-1을 2013-1로, 2013-2를 2013-10으로, 2013-10을 2013-2로

구분할 지도 모른다.

같은 소프트웨어는

2013-01, 2013-02, 2013-10 .

이렇게 앞에 0을 두면 리스트를 정확히 구분할 수도 있다.

만약 앞에 0을 두지 않으면 소프트웨어는

2013-01은 2013-01로, 2013-02는 2013-100으로, 2013-100은 2013-2로

구분할 수도 있다.

만약 99건 이상의 인수가 1년에 발생한다고 생각한다면

2013-001, 2013-002, 2031-010, 2013-100

이런 식으로 번호를 매기고 싶을 것이다.

만약에 1년에 999건의 인수가 발생할 것이라 예상한다면 하이픈 뒤에 4개의 숫자가 필요할 것이다. 즉,

2013-0001, 2013-0002, 2013-0010, 2013-0100

같이 말이다.

인수된 날짜 (Date Accessioned) : 아카이브즈 문을 넘어 기록이 들어온 연, 월, 일을 기록해라. 매번 동일한 방식으로 날짜를 써라. "3/14/2014"라고 어떤 때는 쓰고 다음번엔 "2014년 3월 14일"이라고 쓰지 마라. 형식을 딱 정해서 그걸로 써라. 어떤 형식을 쓰던 연도는 4자리로 써라.

유닛 개수(Number of Units) : 당신이 받은 박스, 권수(volumes) 혹은 다른 컨테이너(보존용기, container)의 수를 써두어라. "유닛"은 들어왔다는 것을 표시하기 위한 것이므로 당신이 원하는 어떤 방식으로 정의할 수 있다. 한 가지 어림잡아 쓰는 방법을 소개하자면, 선반에서 보이는 모양새를 유닛 개수 항목에 기록해두면 필요할 때 무엇을 찾아야 하는지 알 수 있다(예를 들어 "1박스", 혹은 "3박스와 2개의 합본"은 선반에 있는 인수 찾으러 갈 때 시각적인 단서를 제공한다). 만약 선반에 두기 전에 박스 안에 모든 것을 두면 (합본이나 CD 등등) 박스 번호만 여기에 적어두면 된다. 한 가지 경고를 하자면, CD나 비디오카세트 같은 미디어 스토리지를 받았다면 비록 그것들이 상자 안에 있다 하더라도 박스에 넣어 선반에 두기 전에 유닛 개수에 혹은 인수 양식의 어디엔가 미디어 스토리지라고 표시를 해야 한다. 그 이유는 만약 이런 아이템을 보유하고자 한다면 이 아이템이 부식되거나 쓸 수 없게 되기 전에 정리와 기술 과정에서 우선되어야 하기 때문이다. 인수 양식에 이 사실을 적어두면 나중에 이것을 찾기도 쉽고, 우선권을 주기도 쉽다.

위치(Locations) : 각 컨테이너의 위치를 써두어라. 이상적으로 본다면, 아직 정리하지 않은 모든 콜렉션을 선반의 한쪽에 두거나 번호가 매겨져있는 장소에 두면 좋다. 만약에 이렇게 할 수 없다면 나중에 어떤 사람이든 찾을 수 있게 각 컨테이너의 위치를 써두어라. 가능하다면, 임의로 변하지 않는 것과 관련해서 장소를 적어두어라. 이상적으로는 번호가 매겨져 있는 선반이 좋다(ex. 서고 북동쪽 코너 4번 선반). 내가 한때 일했던 아카이브즈에서 되어있었던 것(필리스(Phyllis) 책상 옆 파일 캐비넷에)처럼 하면 안 된다. 만약 필리스가 책상을 옮기면 당신의 아카이브즈는 혼돈에 빠질 것이다.

부여받은 콜렉션 넘버(Became Collection Number) : 여기서는 생략한다. 이 항목은 스텝 1에서 작성 완료할 수 있을 것이다.

제목(Title) : 당신이 그 기록에 대해 아는 것을 반영할 수 있는 제목을 지어

라. 스미스(Smith)라는 가족의 기록이라는 것밖에 모른다면 "스미스 가족 기록"이라고 명명해라. 이것은 임시 제목이고 더 자세히 기록을 조사할 때 바꿀 수 있다.

원 기증자 혹은 사무실(Doner/Office of Origin) : 기록을 아카이브즈로 이관한 책임이 있는 사람의 이름, 주소, 이메일 주소 그리고 전화번호 등을 적어두어라. 기증자와 기록의 관계에 대해서도 기록해야 한다(기증자가 생산자인가 아니면 엮은 사람인가? 콜렉션을 구매해서 기증한 것인가?).

주기(Notes) : 이 항목은 콜렉션에 관한 다양한 참고 사항을 쓰는 데 사용해라. 가령 이 항목에 기증자가 이 기록에 대해서 말해준 것을 쓸 수도 있다. 기증자는 다른 어떤 사람보다 이 기록에 대해서 더 많이 알고 있을 것이다. 그러니 질문을 하고 당신이 얻은 답을 이 항목에 적어라.

완성된 인수 양식은 〈그림 2〉를 참조하라.

만약 컴퓨터에 인수 양식을 보관하고 싶지 않다면 3공 링 바인더에 보관해도 된다. 혹은 각 인수마다 하나의 폴더로 만들어 파일 서랍에 두어도 된다. (폴더에 인수 번호를 쓰고 인수 번호 순으로 정리해라) 가령 기증서 같은 다른 문서를 인수 양식과 같이 보관해야 한다면 파일 서랍에 보관하는 것이 타당하다. 컴퓨터에 이런 정보를 기록한다고 해도 만약을 위해서 프린트해서 바인더나 파일 서랍에 보관하는 게 좋다.

2. 라벨을 붙이고 인수를 보관장소에 두어라

인수기 등록되고 난 후, 이미 상자에 들어있는 것이 아니라면 기록을 상자에 넣고 인수 번호를 각 상자에 라벨링해라. 그리고 정리 기술되기를 기다리는 기록들이 보관되어 있는 장소로 상자를 옮겨라. 가능하다면 이 장소에 인수를 순차적으로 두어라(2013-1이 있는 선반 다음에 2013-2, 그리고 2013-3 등으로). 만약에 이렇게 할 수 없다면, 정확한 임시 위치를 인수 양식의 "위치란"에 적어둘 필요가 있다. 인수를 옮긴다면, 바뀐 위치를 인수 양식에 적는 것을 잊어서는 안 된다.

이 매뉴얼을 읽기 전에 아카이브즈에 이미 들어와 있는 인수를 어떻게 처리할 것인가

인수를 등록하는 것은 지금부터는 쉬워질 것이다. 왜냐하면 기록이 도착하자마자 당신이 할 것이기 때문이다. 그리고 한 인수에 들어있는 기록이 다른 인수의 기록과 섞일 위험도 없을 것이다. 그런데 이미 섞여버린 인수들이 아카이브즈에 있다면 어떻게 해야 할까?

당신은 어떤 조치를 취하기 전에 이 책에서 말하는 절차에 익숙해질 때까지 기다리고 싶을 것이다. 명확한 인수로 서고에 들어온 기록을 당신이 정리하고 기술하는 것만 해도 시간이 꽤 걸릴 것이다. 그 기록은 절차에 익숙해지게끔 하는 데 사용해라. 그러나 결국에는 당신은 혼란스럽고 무질서한 기록을 정리하는 잔업과 씨름해야 할 것이다. 그래서 여기에 당신이 할 수 있는 방법이 있다.

당신이 여기 오기 전에 누군가가 보관하고 있던 인수 기록을 잘 조사해봐야 한다. 그런 인수 기록은 어떤 기록이 아카이브즈에 같이 들어왔는지를 알려주는 데 도움이 된다. 만약에 어떤 인수 기록도 찾을 수 없다면 기증에 대한 언급이 들어있을지도 모르는 연감이나 회의록 같은 것들을 봐야 한다. 한 출처에서 같이 들어온 것이라고 당신이 *알고* 있는 기록부터 시작해라. 각각의 기록들을 모아서 인수 번호를 할당하고 마치 방금 들어온 것처럼 등록을 해라 ("인수날짜" 란에는 그 기록이 들어온 날짜를 알고 있다면 그 날짜를 쓰고, 모른다면 오늘 날짜를 써라. 그리고 주기(note)란에 실제로 이 날에 *인수된* 것이 아니고 이 날에 *만들어진* 인위적인 콜렉션이라고 써라). 이렇게 하는 것이 당신이 아카이브즈로 같이 들어왔다고 알고 있는 기록들을 관리해 줄 것이다.

이제 남은 것은 출처를 알 수 없는 뒤죽박죽 기록이다. 이들은 소위 "인위적 인수(artificial accession)"로 분류되어야 할 것이다. 왜냐하면 이 기록들은 어떤 사람이 생산하거나 엮은 결과로 자연스럽게 같이 들어온 것이 아니고 아키비스트에 의해 인위적으로 같이 둔 것이기 때문이다. 이것은 정말로 조심스럽고 신중하게 행해져야 한다.

인위적 인수는 출처의 원칙에 대한 각별한 주의 없이는 생성되어서는 안 된다. 당신이 알다시피 이 원칙은 아키비스트가 한 개인이나 단체가 생산하거나 엮은 어떤 기록을 다른 개인이나 단체가 생산하거나 엮은 기록과 절대 섞어서는 안 된다고 말한다. 출처의 원칙은 모든 기록학적 사고(thinking)에서 중요하다. 그리고 당신이 인위적 인수를 만들 때에도 그 중요성이 덜하지는 않다.

운이 없게도, 당신이 무질서한 기록물 덩어리와 마주치게 된다면 그리고 어떻게 아카이브즈로 들어왔는지에 대한 설명도 없다면, 그 기록이 방금 도착했다고 믿고 그룹 지어줘야 한다. 같은 사람이나 단체가 아마 생산하거나 엮었을 것이라 생각하고 기록물을 그룹 지어주려 노력해라. *누가 생산했고 엮었는가에* 기반해서 이런 인수를 만들어냈기 때문에 사실, 인위적 인수는 인위적인 *콜렉션*이다(기억해라, 콜렉션은 한가지 출처—개인, 가족, 기관, 정부, 사무실, 사업체 혹은 다른 개체—에 의해 생산되거나 엮어진 일련의 기록이다). 인수 양식에 "당신이" 이 인수/콜렉션을 만들었다고 꼭 표시해라.

당신이 아카이브즈에 와서 보니 아직 등록되지 않은 기록들이 있을 때만 이 단계를 적용해야 한다는 것을 기억해야 한다. 이제부터는 이런 일이 일어나서는 안 된다! 또한 당신이 이 단계를 진행하는 동안 출처의 원칙을 따라야 한다는 것도 기억해라. 기록이 인수로 분류되고 나면, 각 인수를 마치 방금 아카이브즈에 도착한 것처럼 대해라. 다른 인수처럼 각각 인수 양식을 완성하고 라벨을 붙여서 보관해라.

연습문제 D에서 식별할 수 있는 질서가 없는 기록의 예를 볼 것이다. 찬찬히 보고 인위적인 인수로 나누어라. 167쪽의 해답과 비교해봐라. 이 단계가 익숙하지 않다고 느끼면 전문적인 도움을 받을 때까지 등록되지 않은 기록을 그냥 놔두어라. 지금은 이 매뉴얼을 읽기 시작한 이래로 아카이브즈에 들어온 기록만 가지고 작업해라.

아카이브즈에 있는 모든 기록을 인수로 나누는 것을 끝냈다면, 당신은 매우 중요한 단계를 완료한 것이다. 왜냐하면 당신은 아카이브즈에 있는 모든 콜렉션에 대해서 조금은 알게 되었기 때문이다. 이 지점에서 당신은 한 번에 한 콜렉션씩 충분히 정리와 기술을 할 수 있는 실제 단계를 시작할 준비가 되었다.

3장
체계화의 각 단계(Steps of Organization)

Organizing Archival Records

3장 체계화의 각 단계(Steps of Organization)

이 부분은 정리와 기술 과정을 한 걸음씩 익히도록 도와줄 것이다. 이 매뉴얼을 잘 활용하기 위해서는 한 번 쭉 읽고 모든 연습문제를 풀어 본 다음, 당신의 아카이브즈에 있는 한 인수를 선택해서 스텝 1에서 스텝 12까지를 다 적용해보는 것이다. 스텝 12까지 완료하면 그 인수는 적절히 정리 및 기술되어 연구자들이 사용할 수 있게 될 것이다. 그 후 순서에 상관없이 다른 인수를 선택해서 다시 스텝 1에서 12까지를 적용하면 된다(즉, 인수 2013-1가 꼭 2013-2 전에 정리 및 기술되어야 한다는 것은 아니다). 연습을 위해서, 덜 중요한 콜렉션부터 시작하고 싶을 수 있다. 그러나 능숙해지면 덜 중요한 것을 정리하기에 앞서 더 중요한 인수를 먼저 정리해라. 그렇게 함으로써 덜 중요한 콜렉션에 시간을 많이 투자하지 않게 된다. 정리와 기술이 끝나면 인수 양식에 그 사실을 꼭 써라. 그렇지 않으면 임시위치에 있는 인수를 찾는 사람이 그것을 못 찾게 된다.

만약에 특수 매체(CDs, DVDs, 비디오 카세트, 오디오 카세트)를 포함한 인수를 가지고 있다면, 가능한 빨리 이들을 정리 기술해야 한다. 특수 매체는 빨리 부식될 수도 있고, 그 속의 내용을 읽어내거나 플레이할 하드웨어나 소프트웨어가 생각보다 빨리 구식이 될지도 모른다. 이 아이템을 더 빨리 읽고 검토할수록, 보존할 수 있는 가능성도 더 높아진다. 5장에서 이런 형태의 기록을 다루는 법에 대해서 조언할 것이다.

3장에서는 *종이* 기록과 *종이* 형태를 예시로 원칙들을 설명한다. 그 이유는 이렇게 하는 것이 원칙을 생각할 때 더 쉽게 머릿속에 그릴 수 있기 때문이다. 그러나 이 원칙들은 전자기록이나 컴퓨터화된 형식에도 쉽게 적용될 수 있다. 원칙들을 이해하면 4장에서 전자적 환경에서 이들을 어떻게 적용할 수 있을지 알 수 있을 것이다.

우선 하나의 인수를 선택해서 큰 책상이 있는 곳으로 모두 가져와라. 아직 기록물을 펼쳐두지 말고 선반에 있던 그대로 책상 위에 그냥 올려두어라(만약 인수가 너무 양이 많다면 테이블 옆에 두어라).

예전에 언급했듯이 당신이 선택한 인수는 아마도 하나의 콜렉션일 것이다. 지금부터는 당신 앞에 놓여있는 기록들을 하나의 콜렉션으로 부르자(정리와 기술되기를 기다리면서 선반에 있는 동안만 "인수"라고 기록을 생각하는 것이 더 편할지도 모른다. 당신이 정리와 기술하기를 시작하면 그 기록은 "콜렉션"이라고 할 수 있다). 아래의 지시사항은 당신이 하나의 콜렉션으로 작업하고 있다는 것을 가정한다. 만약에 한 사람 혹은 한 그룹 이상이 생산하거나 엮은 기록이라는 사실을 작업하면서 발견하게 된다면 당신은 2개의 콜렉션을 가지고 하는 것이다. 그러나 걱정하지는 마라. 만약 확실하다면 2개의 콜렉션을 분리해서 각각 다루면 된다. 그러나 지금은 하나의 콜렉션이 확실하다고 생각되는 인수를 골라 작업해보자.

기록을 가지고 작업하는 동안 기억해야 할 것은 당신의 일이 그 기록을 수백 년간 보존하는 일이라는 것이다. 기록을 조심히 다룬다면 오랫동안 보존될 것이다. 기록을 어떻게 다룰 것인가에 대한 몇 가지 팁은 5장을 참조하라.

■ 스텝 1 : 콜렉션 번호를 매겨라

콜렉션은 정리 기술되면서 순차적으로(1,2,3) 번호가 매겨진다. 콜렉션 번호는 콜렉션 기술 양식(Collection Description Sheet)에 기록되어야 한다. 당신이 부여한 콜렉션 번호를 기록해서 계속 추적가능 하도록 해라. 그리고 이 기록에 이미 부여했던 인수 번호와 콜렉션 번호를 상호 참조해라.

〈그림 3〉에서 보여지는 것처럼 콜렉션 기술 양식을 시작해 보자. 다음의 항목을 완성해라.

콜렉션 번호(Collection Number) : 콜렉션 번호를 마련된 칸에 써라. 당신이 정리 기술하는 첫 번째 콜렉션이기 때문에 이것은 콜렉션 번호 1이다. 다음번에 정리 기술하는 콜렉션은 콜렉션 번호 2일 것이다. 당신은 어떤 번호를 할당했는지 다음번에는 몇 번을 써야 하는지 알기 위해서 콜렉션 번호를 일지에

인수 번호 : [＿＿＿＿＿]

콜렉션 기술 양식

이전 인수 번호 : [＿＿＿＿＿]

생산자/엮은이 : [＿＿＿＿＿]

콜렉션 제목 : [＿＿＿＿＿]

콜렉션 날짜 : [＿＿＿＿＿]

배경설명 :

[＿＿＿＿＿＿＿＿＿＿]

그림 3. 콜렉션 기술 양식

기록해두어야 한다. 그 일지는 멋질 필요는 없다. 마지막으로 부여한 번호를 보여주는 시트 정도면 충분하다. 좀 더 양식을 갖추자면, 종이나 스프레드시트에 콜렉션 번호, 부여한 날짜 그리고 콜렉션 제목 칸을 만들어 두면 된다. 인수 번호를 적는 칸을 덧붙일 수도 있다.

인수 번호(Accession Number) : 인수 번호를 콜렉션 기술양식에 적어두어라. 동시에 인수 양식의 "부여받은 콜렉션 번호(Became Collection Number)" 칸에도 콜렉션 번호를 써라. 이제 인수와 콜렉션 사이에 상호 참조를 할 수 있게 되었다. 인수 양식을 읽으면 이 기록이 어떤 콜렉션이 되었는지, 콜렉션 기술 양식을 보면 이 기록이 원래 어떤 인수였는지를 알 수 있다.

이제 스텝 2로 넘어가보자.

■ 스텝 2 : 콜렉션을 조사하고 기록하라

콜렉션 속 각 아이템(건, item)을 조사하고 녹슨 클립, 산화된 종이 그리고 다른 위험한 물질 등을 제거해라. 스텝 3에서 사용될 설명을 자세하게 기록해라. (예시 : 그림 4)

첫 조사를 하는 동안 기록을 찬찬히 아마 아이템/건 별로 살펴볼 것이다. 이 스텝 전체에서 명심할 것은 처음 순서 그대로 유지해야 한다는 것이다. 아키비스트들은 "원질서 존중"에 대해서 타당한 이유를 들어 말한다. 당신이 기록에 접근할 때 당신이 희귀한 공룡뼈 더미를 마주한 고고학자라고 생각해라. 전문가는 전체 뼈의 순서가 명확해질 때까지 발견된 그대로 땅에 각 뼈의 위치를 조심스럽게 표시할 것이다. 이와 같이 당신이 조사하고 있는 기록도 서로 특별한 관계를 가지고 있다. 비록 지금은 마치 공룡뼈 더미 정도의 질서만 있어 보일지라도 말이다. 이 관계는 천천히 그 모습을 드러낼지도 모르니 조심스럽게 진행하자.

첫 번째 박스를 열고 첫 번째 문서(권 혹은 폴더 혹은 그 어떤 것이든)를 꺼내자. 책상 위에 올려두고 조사를 해라. 첫 번째 문서를 다 봤으면 옆에 엎어두고 두 번째 문서를 조사해라. 끝나면 첫 번째 문서 위에 엎어두고 그 박스의 모든 기록을 다 볼 때까지 이 과정을 계속해라(물론 대규모의 콜렉션은 꽤 반복적이어서 자세한 조사를 요구하지 않을 수도 있다. 각 스텝을 다 읽으면 왜 이 과정을 하는지 알 수 있을 것이다. 그리고 각 문서나 폴더에 어느 정도의 시간을 들여야 할지 감이 올 것이다. 경험이 많은 아키비스트는 아주 빨리 이 단계를 완료한다. 그러나 우선은 시간을 들여서 이 단계를 해나가는 것이 좋다). 만약 문서가 폴더 안에 들어있다면 원래 자리 그대로 폴더 속에 다시 들어가야 한다는 것을 명심해라. 폴더 역시 원래 자기 자리에 두어야 한다.

각 문서를 조사하면서 2가지는 꼭 해야 한다 :

첫 번째는 기록물에 해를 줄 수 있는 것을 막기 위해서 당신이 할 수 있는 것을 찾아내서 해라. 예를 들어서 결국에는 딱딱해져서 종이에 해를 끼칠 모든 고무밴드를 다 제거한다든지 말이다. 많은 아키비스트들은 기존의 클립을 다 제거하고 플라스틱이나 스테인리스 스틸로 된 클립으로 교체한다. 그러나 한때는 이런 관행이 통용되는 것은 아니었다(이에 관해서는 5장을 참조해라).

주기 : 크롬웰 가족 기록
콜렉션 1

  -편지   날짜
  -자격증 (1918)   ~~1918~~   ~~1961~~
  -일기(1926)   ~~1913~~   ~~1962~~
  -사진   ~~1910~~
  -일기(1928)   1950-196~~0~~55에서
  -그림(가장 오래된 것 1909)   떨어진 것 없음
  -일기(1932-49)   1909
  -상장

                                      (1909-1949, 1956-1962)

<u>메러디스 크롬웰</u>
전체가족보다는 그녀의 기록인 것 같다
1900년 출생
H.S를 1918년에 졸업
건축가
가족에게 편지 - 사업에 관한 몇몇 논의 사항
고객과 주고 받은 편지 없음
건축 드로잉 없음 - 미솔라 주립대 아카이브즈

그림 4. 콜렉션 주기

그렇지만 당신은 녹이 슬었거나 어떤 방식으로든 종이에 해를 줄 수 있는 클립이나 스테이플을 찾아서 제거해야 한다. 다시 한 번 기억해야 할 것은 기록의 원 질서를 그대로 유지해야 한다는 것이다. 그래서 만약 페이지를 같이 묶는 작업이 필요하다면 더 안전한 대체품으로 대체해라. 동시에 콜렉션에서 산화된 종이를 찾아라. 산화되었다는 단서는 색(주로 갈색), 상태(부서질 것 같음), 그리고 주위 문서에 대한 영향(산화된 종이가 맞닿아 있는 종이를 오염시키거나 "태우는" 상태)이다. 산화된 종이의 가장 전형적인 형태는 뉴스 클립, 카본지로 한 복사본(carbon copies), 북마크로 사용되었던 종이 조각 등이다. 북마크는 버리면 되지만 혹시 그 자리가 중요해 보인다면 중성지로 대체해라. 뉴스 클립이나 카본지로 한 복사본 혹은 다른 산화된 페이지의 경우에는 포토카피(photo copy)로 대체하거나 산화된 문서 양 옆에 중성지를 끼워넣어 감싸

라. 어떻게 조치를 하든지 산화로부터 나머지 콜렉션을 지킬 수 있을 것이다.

클립을 제거하고 산화된 페이지를 처리하는 데 시간을 많이 쓰기 쉽다. 이 단계에 너무 몰두해서는 안 되지만, 문서를 쭉 훑어볼 수 있는 단계이기 때문에 이 단계가 빨리 처리할 수 있는 문제들을 찾아내어 수정할 수 있는 적절한 때이긴 하다. 만약에 콜렉션에서 많은 문제를 발견했다면 그 사실을 적어두고 나중에 다시 보존 문제를 처리해라.

이 단계 동안 당신은 분리될 필요가 있고 대중들이 보지 말아야 될 민감한 자료를 또한 찾아낼 수 있다. 개인 신분을 알 수 있는 번호나 의료 정보는 공개 제한되어야 한다. 왜냐하면 이 정보는 법에 의해 보호받기 때문이다. 당신은 또한 복제된 자료를 찾아 폐기할 수도 있다. 만약 콜렉션에 20개의 보고서 복사본이 들어있다면 2개 이상 보유할 필요가 없다. 한편 주석이 들어있는 복사본인지 버리기 전에 모든 복사본을 확인해야 한다. 만약 어떤 사람이 보고서에 의견을 달아두었다면, 그런 주석이 달린 보고서 복사본은 다 보관해야 한다.

두 번째로 필요한 부분을 적어두어라. 이렇게 적어둔 것을 스텝 3의 배경 설명(Background Note)과 스텝 9의 범위와 내용 설명(Scope and Content Note)에서 사용하게 될 것이다. 기록을 보면서 다음과 같은 중요 질문을 당신 스스로에게 던져라.

- 누가 이 기록을 만들거나 엮었는가? (이 질문은 당신이 원래 가지고 있던 생각과 다를 수 있거나 혹은 당신이 이미 알고 있는 것을 확신시켜줄 것이다.)
- 콜렉션 안에는 어떤 종류의 기록이 들어있는가? (일반적인 기록 형태는 유언장, 일기, 영수증 등이다.)
- 기록 안에는 어떤 종류의 정보가 기록되어 있는가? (이것은 아마 광범위할 수도 있다. 가령 미국 남북전쟁 혹은 19세기 교육 혹은 매우 구체적으로 1914년 시장 선거나 첫 감리교회 건설 등일 수 있다.)
- 기록이 다루고 있는 기간이 어떻게 되는가? (가장 빠른 날짜, 가장 늦은 날짜 그리고 날짜 사이의 갭이 있는지 살펴보아라. 스텝 4에서 날짜에 관한 더 많은 정보를 찾을 수 있다.)
- 기록이 어떻게 정리되어있나? (연대순인가? 알파벳순인가? 정리되어 있지 않은가?)
- 기록이 완료가 된 것처럼 보이는가? 혹은 눈에 띄는 갭이 있는가? 왜 갭이 발생했는가?

당신이 적어둔 것은 아마도 〈그림 4〉에서 보여지는 것과 같을 것이다. 필요한 부분을 철저히 적어두어라. 왜냐하면 이것은 스텝 3과 9의 기초가 될 것이기 때문이다.

■ 스텝 3 : 콜렉션 배경 설명을 써라

연구자에게 누가 이 콜렉션을 생산했는지 혹은 엮었는지, 왜 이 사람이 그랬으며, 어떻게 아카이브즈로 들어오게 되었는지, 그리고 이 콜렉션이 아카이브즈에 있는 다른 기록과는 어떤 관계를 가지는지에 대해서 알려주는 설명을 써라. 이런 설명은 콜렉션 기술 양식(그림 5 참조)에 써라. 예시 1, 4, 5, 6 참조.

	인수 번호 : 1

콜렉션 기술 양식

이전 인수 번호 :	2003-10
생산자/엮은이 :	메러디스 크롬웰
콜렉션 제목 :	메러디스 크롬웰 기록
콜렉션 날짜 :	1909-1949, 1956-1962

배경설명 :

메러디스 크롬웰(1900-1998)은 건축가였고 평생 센터빌 시의 주민이었다. 그녀는 이 도시의 첫 여성 건축가였으며 우리나라의 첫 번째 여성 건축가들 중 한 명이었다.

이 콜렉션은 그녀의 조카딸이 크롬웰이 죽은 후에 발견한 것이다. 여기에는 편지, 사진, 일기 및 크롬웰의 고등학교 졸업장(1948)과 몇몇 건축 상장 같은 건들이 들어있다. 편지는 대부분 개인사정(가족문제)에 관한 것이지만 몇몇은 크롬웰의 건축 사업에 관한 논의 내용도 포함하고 있다. 일기는 그녀의 커리어에 대해 더 자세히 설명한다.

이 콜렉션에는 건축드로잉이 포함되어 있지 않다(크롬웰의 드로잉은 오하이오 미드베일 시 미솔라 주립대 아카이브즈에 있다). 콜렉션에는 어릴 적 그린 그림과 스케치가 있는 일기가 포함되어 있기는 하다.

크롬웰 가족은 센터빌의 초기 정착자였다. 다른 가족 기록은 콜렉션 16과 24에서 찾아볼 수 있다.

그림 5. 완성된 콜렉션 기술 양식

스텝 2에서 필요한 부분을 적어두라고 한 이유는 이 매뉴얼에서 "콜렉션 배경 설명(Collection Background Note)"라고 부른 부분을 작성하기 위함이었다. 콜렉션 배경 설명과 스텝 9에서 작성하게 될 범위와 내용 설명(Scope and Content Note)은 연구자들의 정보 검색 범위를 좁혀주기 위해서다. 콜렉션 배경 설명은 주로 짧은 단락으로 되어 있지만 비록 몇 페이지에 달하더라도 정보를 충분히 전달할 수 있을 만큼은 길게 써야 한다. 길이는 중요하지 않다. 내용이 중요하다.

콜렉션 배경 설명에서 당신은 연구자들에게 다음의 내용을 말해주어야 한다.

- 누가 이 기록을 생산했거나 엮었는가(만약에 당신이 인위적으로 콜렉션을 만들었다면 여기에 그 사실을 적어야 된다는 것을 기억해라)
- 왜 생산하거나 엮었는가
- 어떻게 이 기록이 당신의 아카이브즈로 들어오게 되었는가
- 일반적인 의미에서, (만약 존재한다면) 당신의 아카이브즈의 다른 나머지 기록들과 이 콜렉션이 어떤 관계를 가지고 있는가
- 연구자들은 이 콜렉션 속에 있을 것으로 추정하지만 이 콜렉션에 포함되어있지 않은 기록은 무엇인가

여기에서 *전체로서의* 콜렉션에 초점을 맞추어야 한다는 점을 기억해라. 개별의 시리즈는 나중에 스텝 9에서 기술할 것이니 여기에는 너무 많은 세부사항을 포함시키지 말아라. '이 콜렉션이 내 질문에 대답이 될 것 같은가?'라는 연구자의 질문에 대답하기 위해서 알 필요가 있는 정보만 포함시켜라.

콜렉션 배경설명 측면에서 "아카이브즈"와 "매뉴스크립트" 사이의 차이

콜렉션 배경 설명에서 당신이 적은 정보의 종류는 기록이 공공기관이나 사업체에서 생산된 것인지 아니면 개인이나 가족이 생산한 것인지에 어느 정도 달려있다(아키비스트들은 만약 기록이 기관에서 생산되거나 엮인 것이라면 종종 이런 설명을 "행정력(Administrative History)"으로 적고 만약 기록의 생산자 혹은 엮은이가 개인이나 개인이 모여있는 그룹이라면 "전기 설명(Biographical Note)"으로 적는다).

만약에 기록이 기관에 의해 생산되거나 혹은 엮였다면 다음 정보를 찾아 배경설명에 포함시켜야 한다.

- 설립일

- 설립 목적(사업 형태, 정부 기능)

- 부서와 각 부서의 설립 날짜

- 기관장들

- 기관 역사에서 중요한 사건들

만약 개인이나 가족에 의해서 생산되거나 엮였다면 다음의 정보를 찾아 배경설명에 포함시켜야 한다.

- 그 사람이나 그룹의 인생에서 중요한 날짜

- 관련 주소들

- 직업 형태

- 관심사와 활동

- 협회나 사무실

기록 자체에서 콜렉션 배경 설명을 위한 이 모든 정보들을 찾을 수 있는 것은 아니다. 기증자 인터뷰나 출간된 역사책, 신문, 전기 사전(Biographical dictionaries) 같은 다양한 자료를 찾아 볼 필요가 있을 것이다. 콜렉션 배경 설명에 이 정보가 나온 출처를 쓰는 것도 잊지 말아라. 어떤 콜렉션에서는 이런 정보에 대한 많은 것을 알 수 있지만 또 다른 콜렉션에서는 이 정보의 대부분을 찾을 수 없을지도 모른다.

콜렉션 배경 설명의 목적은 연구자들의 정보검색 범위를 좁혀주는 것이다. 〈그림 5〉의 예시를 보면서, 가령, 선구적인 여성 기업가의 역사를 공부하는 연구자가 무엇을 생각할지 상상해봐라. 콜렉션 배경 설명은 이 콜렉션이 잠재적인 연구 자료를 제공할지도 모른다는 것을 가리킨다(서신은 "때때로 크롬웰(Cromwell)의 건축 사업에 관한 논의를 포함"하고 있고 "일기는 그녀의 커리어에 대해 더 자세한 사항을 제공한다"). 연구자는 연구의 범위를 더욱 좁히기 위해서 당신이 스텝 9에서 적을 다양한 범위와 내용 설명(Scope and Contents Notes)를 읽을 것이다.

자, 연구자의 주제가 메러디스 크롬웰(Meredith Cromwell)의 건축 드로잉 스타일의 발달이라고 상상해보자. 이제 콜렉션 배경설명에서 "이 콜렉션에는 건축 드로잉은 포함되어 있지 않다"라고 알려준다. 당신의 아카이브즈에서의 조사는 (혹은 적어도 이 콜렉션에 대한 조사는) 여기서 끝난다. 비록 추가 설명("크롬웰의 드로잉은 오하이오 주 미드베일 시 미솔라 주립대학 아카이브즈(Missoulla State University Archives, Midvale, Ohio)에 보관되어 있다")이 연구자에게는 매우 도움이 되었을지라도 말이다. 이것이 연구자들은 콜렉션 속에 있을 것이라 가정하는 기록이 실제로는 없다는 것에 대해 배경 설명에서 써야 하는 중요한 이유이다. 가령 1861년부터 1864년까지의 편지 콜렉션을 상상해봐라. 연구자들은 당연히 편지 속에 미국 남북전쟁에 관한 논의가 들어있을 것이라 가정한다. 만약에 그렇지 않다면, 여기에서 연구자에게 그 사실을 말해야 한다. 그래야 연구가 더 연관 있는 다른 자료로 옮겨갈 수 있기 때문이다.

콜렉션 배경 설명을 완성했다면 이제 스텝 4로 넘어가자.

■ 스텝 4 : 콜렉션 제목, 생산자 그리고 날짜를 써라

제목, 생산자 그리고 날짜 범위를 콜렉션 기술 양식에 더해라(그림 5 참조).

다음으로 해야 할 일은 콜렉션의 제목을 정하는 것이다. 좋은 제목은 두 부분으로 구성된다. 콜렉션 생산자/엮은이의 이름에 콜렉션의 특성을 설명하는 어구나 단어가 덧붙여진 것이다.[1] 예를 들어서 제목 바사르 대학 기금 관리 이사회 회의록(the Vassar College Board of Trustees Minutes)는 콜렉션 생산자(바사르 칼리지 기금관리 이사회)라는 이름과 설명하는 어구(회의록)으로 되어 있다.

---

1. 콜렉션 제목을 포함해 검색도구(finding aid)의 다양한 요소를 구성하는 법에 대한 표준 가이드는 아카이브즈 기술(Describing Archives: A Content Standard(DACS))에서 비롯한다. 자세한 내용은 참고문헌을 참조하라.

다음의 제목들이 길지 않으면서도 두 요소를 어떻게 모두 포함하는지 보아라.

> *사만사 리빙스턴 브룸 일기(Samantha Livingston Broom Diaries)*
> 이것은 콜렉션이 다른 형태의 자료 없이 오직 일기로만 구성되어 있음을 가리킨다.
>
> *조지 R. 벡워스 기록(George R. Beckworth Papers)*
> "기록(papers)"은 포괄적인 단어로, 콜렉션 내의 개인이나 가족의 기록이 하나 이상의 형태로 구성되는 경우에 사용된다. 예를 들어, 콜렉션이 한 개인에 의해서 생산되었고 일기, 사진, 편지(하나 이상의 형태의 자료)로 구성되어 있다면 "기록(Papers)"라고 부르는 것이 맞다.
>
> *조지 워싱턴 카버 학교 기록(George Washington Carver School Records)*
> "(개인) 기록(papers)"은 개인이나 가족에 해당하고 "기록(records)"은 법인, 단체에 쓰는 용어이다. 이 예시에서 생산자는 개인이 아닌 학교라는 법인 단체이다. 그리고 콜렉션에는 하나 이상의 형태의 자료가 포함되어 있다(학생기록, 연감, 출석기록 등이 아마 포함되어 있을 것이다). 그러므로 포괄적인 용어 "기록(records)"은 적절한 명칭이 된다.
>
> *워너 T. 존슨 지도 콜렉션(Werner T. Johnson Map Collection)*
> "콜렉션(Collection)"이라는 단어는 존슨 씨가 지도를 다양한 출처에서 모은 수집가라는 것을 암시한다. 만약 이 제목이 "워너 T. 존슨 지도(Werner T. Johnson Maps)"였다면 연구자는 존슨 씨가 이 모든 지도를 생산했거나 그렇다고 가정할 것이다. "콜렉션"이라는 단어를 덧붙이는 것이 존슨 씨가 수집가라는 점을 내포한다. 다음 건과 비교해보자.
>
> *센터빌 교통부 지도(Centerville Department of Transportation Maps)*
> 여기서 "콜렉션"이라는 단어는 사용되지 않았다. 왜냐하면 이 지도들을 생산했거나 엮은 교통부는 지도 수집가와는 같은 방식으로 지도를 획득한 것이 아니기 때문이다. 이것은 미세한 구분이며 아카이브즈가 절대적인 일관성을 가지고 적용해야하는 것은 아니다. 그러니 그것에 대해 너무 걱정을 하지는 말아라. 하지만 알고는 있어야 한다.

이제 설명하는 어구를 제목에 붙이는 것에 대해서 배웠으니 연습문제 A로 돌아가서, 작성했던 제목을 다시 지어라. 콜렉션에 좋은 제목을 지어주는 것에 신경을 써라. 왜냐하면 이것은 전문가임을 드러내주기 때문이다. 그러나 정확한 생산자를 찾아냈는지, 정확한 설명 어구를 사용했는지에 대해서 조바심 내면서 너무 많은 시간을 할애하지는 말아라. 최선을 다하고 다음 단계로 넘어가라.

콜렉션 기술 양식에 제목을 적어라. 그리고 "생산자/엮은이"도 양식에 기입해라. 만약 제목에 생산자 이름을 썼다면 여기에는 반복해서 써넣으면 된다.

만약 생산자의 출생일이나 사망일에 대해 안다면, 〈그림 5〉에서 보여지는 것처럼 이름 옆에 기입해라. 연구자는 이 날짜들과 콜렉션 날짜를 단순히 비교하는 것만으로도 많은 것을 배울 수 있다. 예를 들면, 〈그림 5〉에서 이 콜렉션에는 생산자의 어린시절(1909) 기록도 들어 있지만 1998년 메러디스 크롬웰이 사망하기 몇십 년 전까지만 다루고 있는 기록이라는 것을 알 수 있다.

때때로 생산자나 엮은이가 누구인지 알아내는 것이 불가능할 때도 있다. 이것은 문제가 아니다. 그러나 그 콜렉션을 무엇이라 부를 지는 결정해야 한다. 당신은 아마도 그 기록과 가장 밀접한 관계를 가진 사람의 이름을 따서 명명하거나 그 기록이 연관된 활동이나 장소를 따서 이름을 지을 수도 있다. 가령 만약에 질 심슨(Jill Simpson)의 사진 콜렉션을 가지고 있지만 누가 모았는지는 알 수 없다면 제목을 "질 심슨 사진 콜렉션(Jill Simpson Photograph Collection or Collection of Photographs of Jill Simpson)"이라고 지어라. 왜냐하면 그 콜렉션과 가장 밀접한 관련이 있는 사람이 질 심슨이기 때문이다. 혹은 만약에 어떤 모르는 사람이 예전에 아카이브즈에 기증한 센터빌 소극장(Centerville Little Theater)에 관한 초기 기록을 가지고 있다면, 그것을 "센터빌 소극장 콜렉션(Centerville Little Theater Collection)"이라고 불러라. 왜냐하면 특정 장소와 연관되어 있기 때문이다.

마지막으로, 콜렉션의 날짜 범위를 콜렉션 기술 양식에 적어라. 날짜를 적을 때는 몇 가지 고려해야 할 것이 있다.

날짜 범위(Date Span) : 최소한이라도 모든 콜렉션에 날짜 범위를 적어야 한다. 가장 오래된 문서의 날짜를 쓰고 하이픈을 긋고 가장 최근 문서의 날짜를 쓰면 된다. (예시, 1910-1986)

갭(Gaps) : 콜렉션에 시간적 공백이 있다면 연결되는 날짜는 하이픈을 사용해서 보여주고 공백은 콤마를 사용해서 표시하면 된다. 예를 들어 날짜가 "1901-

1948, 1966-1986"이라고 적혀있다면 이것은 1910년에서 1948년까지는 기록이 있고 1949년부터 1965년까지는 기록이 비어있으며 1966년부터 다시 1986년까지는 기록이 존재한다는 의미이다. 이렇게 구분해주는 것은 콜렉션 상에서 중요한 공백이 있을 때만 하면 된다. 여기서 "중요한" 공백과 "중요하지 않은" 공백을 구분하는 것은 주관적인 결정이다. "1941-1991"이라는 날짜범위는 서신 컬렉션에서는 비록 1966년의 편지가 없을지라도(아마 갭은 중요하지 않을 것이다) 적절한 표시이다. 그러나 같은 날짜 범위의 회의록 시리즈 같은 경우에 1966년의 기록이 없다면, 아마도 "1941-1965, 1967-1991"이라고 써야 할 것이다. 왜냐하면 회의록 1년 치가 비는 것은 대체로 중요하게 여겨지기 때문이다.

벌크 날짜(Bulk dates) : 만약에 콜렉션이 하나의 날짜 범위에 해당하는데 기록의 많은 부분이 그 범위 중 좁은 기간만 다루고 있는 것을(한 기간만 "많이 차지한다"면) 벌크 날짜라고 한다. 가령 "1910-1986(bulk: 1940-1945)"이라는 말은 비록 기록이 1910년부터 1986년에 걸쳐 있지만 콜렉션의 대부분은 1940년에서 1945년 사이에 관한 것이라는 의미이다. 벌크 날짜를 쓰는 것은 개인적 판단에 따르는 것이겠지만 연구자에게 이렇게 하는 것이 유용하겠다고 생각할 때는 사용해라. "1801-1991"이라는 범위를 보는 것은 조금 당황스러울 수 있다. 만약 서고를 잘 살펴보니 1801년에서 1980년의 기록은 아주 띄엄띄엄 있고 콜렉션의 대부분은 1981-1991년 기록이라면 말이다.

약(Circa(ca.)) : 만약에 날짜가 확실하게 결정되는 것이 아니면 "대략" 혹은 "아마도" 정도를 표시하기 위해서 "약(ca.)"을 써라. 예를 들어서 "약 1889-1994"은 1889년 근처에서 기록이 시작해서 1944년에 끝난다는 의미이다. 당신이 언제 기록이 끝나는지도 모르겠다면 "약 1889-약 1944"이라고 쓰는 것이 더 정확하다.

　　당신의 콜렉션 기술 양식은 이제 완성되었다. 이제 콜렉션의 시리즈를 작업해보자.

■ 스텝 5 : 콜렉션 속의 시리즈를 식별하라

콜렉션 속의 기록을 시리즈로 그룹핑해라. 그리고 책상 위에서 그들을 같이 정리하라.

이제쯤이면 당신은 콜렉션에 대해서 많은 것을 알고 있다. 당신은 누가 생산하거나 엮었는지 알고 있고, 이 콜렉션을 뭐라고 부를지도 알고, 자료의 날짜범위도 안다. 이제는 콜렉션을 구성하는 벽돌, 즉 시리즈를 식별해낼 차례이다.

적절하게 시리즈를 식별해내는 것은 중요하다. 왜냐하면 시리즈는 콜렉션의 마지막 정리를 결정하는 것이기 때문이다(그리고 물론 시리즈는 얼마나 빨리 콜렉션 속의 정보를 찾아낼 수 있는지도 결정할 것이다). 이 스텝에서 당신은 시리즈를 식별해낼 것이고 물리적으로 시리즈를 그룹핑 할 것이다. 당신의 임무는 콜렉션에 들어있는 시리즈를 *발견*해 내는 것이지 창조해 내는 것은 아니다. 시리즈 단위로 콜렉션을 정리할 때마다, 당신은 기록이 원래 정리되어있었던 바대로 다시 만들어내려 노력해야 한다.

아키비스트는 가능하면 원 질서를 유지할 것을 주장한다. 처음에는 이것이 좀 이상하게 보일지도 모른다. 결국 우리의 목적이 연구자들이 자신의 질문에 대한 답을 기록 속에서 얻을 수 있게 하는 것이라면, 주제별로 기록을 분류하는 것이 훨씬 쉽지 않겠는가? 우리가 이미 보았듯이 책과는 달리 하나의 기록은 놀랄 만큼 다양한 주제를 다룬다. 이 사실 하나만으로도 주제별로 정리하는 것이 어렵고 시간 낭비라는 것을 알 수 있다. 만약 편지가 10개의 주제를 다루면, 어디에 철해야할까? 혹은 10부로 복사해서 각각 철해두어 결국 서고를 많이 차지하고 처리 비용을 10배로 늘리는 것이 맞을까?(나는 30년 동안 모든 접수된 서신을 그렇게 해서 철해둔 콜렉션을 작업한 적이 있다. 한 편지를 40부 복사해서 주제별로 수십 개 장소에 철해두는 것이 그 직원들에게는 이상한 일은 아니었다. 30년 후 그들의 파일링 시스템은 거의 어떤 것도 찾을 수 없을 정도로 거대해졌고 다루기가 심하게 거추장스러워졌다.)

기록을 주제별로 분류하는 것은 헛된 일이다. 경험 있는 아키비스트라면 당신에게 그렇게 말할 것이다. 그러나 이것이 콜렉션의 원질서를 지켜야 하는 유일한 이유가 아니다. 많은 이유 중 다음의 2가지 이유를 살펴보자.

이유 1 : 색인의 존재가능성이나 그 기록에 대한 다른 참고 사항은 원 질서를 매우 중요하게 만든다. 가령 당신이 비즈니스 기록 콜렉션을 정리 기술하기 시작했다고 치자. 그리고 기록들이 숫자 순서대로 되어 있어서 고객 이름으로는 기록을 찾기가 어렵게 되어 있다. 당신은 고객 이름으로 재정리하고 싶은 욕구가 든다. 만약에 당신이 그렇게 바꾼다면, 나중에 색인이 발견되어서 고객 이름으로도 그리고 거래연도별로 혹은 다른 정보로도 기록에 접근할 수 있다는 것을 발견할지도 모른다. 이것은 기록에서의 "머피의 법칙"같아 보인다. 만약 당신이 원 질서를 훼손시킨다면 나중에 같은 질서를 결국 다시 만들어야 하거나 혹은 그렇게 할 수 있기를 빌게 된다. 이것은 내가 원질서 존중의 법칙을 깼을 때 나에게 일어난 일이었다. 나는 정말 혹독한 경험에서 이것을 배웠다.

이유 2 : 두 번째 이유를 이해하기 위해서는 당신의 집을 머릿속에 떠올려라. 만약에 방 하나에 당신이 청소하기 위해서 사용하는 모든 도구와 제품을 두는 것으로 집을 재정리한다면 무슨 일이 일어날까? 그 방에는 세탁기, 식기세척기 그리고 욕조까지 들어있을 것이다. 혹은 당신 집에 있는 모든 가루 종류를 하나의 선반 위에 정리한다면 어떨까? 세탁세제, 분유, 입욕제까지 말이다. 만약에 그렇게 한다면, 당신은 실제로 주제별로 집을 정리하는 셈이 된다. 당신은 솔직히 집을 주제별로 정리하는 것이 물건을 쉽게 찾아 쓰는 데 편하게 한다고 생각하는가? 아마도 아닐 것이다.

집을 주제별로 정리하는 것이 바보 같은 일인 이유는 각 방은 그곳에서 일어나는 *활동(activity)*에 따라서 정리되어 있고 물건들이 들어있다. 예를 들어 세탁실에는 세탁기와 건조기가 있다. 이것은 세탁과 관련된 기계이기 때문이다. 그게 더러운 옷과 세제도 세탁이라는 활동과 관련이 있기 때문에 같은 방에 있다. 이 물건들이 연관되어있는 활동이 그들 관계를 이해시켜주는 *유일한* 것이다. 당신의 집에 있는 방처럼, 콜렉션 속의 기록도 그들이 관련되어 있는 *활동(activities)*에 기반한 관계 속에서 정리되어 있다. 한 파일 폴더에 같이 들어있는 모든 기록은 같은 업무/활동과 연관되어 있기 때문에 모아둔 것이지 같은 주제를 다루고 있어서 같이 둔 것이 아니다. 만약에 그 업무 맥락에서 이들을 떼어낸다면, 기록은 그냥 개별 종이가 되어버린다. 길가에 놓여있는 버려진 세탁기처럼 맥락에서 떼어낸 종이는 쓸모가 없다. 정리와 기술의 수준을 논할 때 우리가 했던 말을 기억해라 : 기록을 -스캔되고 키워드 검색이 된다고 해도- 이해하기 위해서는 *맥락*이 필요하다.

당신이 이 콜렉션의 정리와 기술을 마쳤다면 이제 주제별로 그것에 접근할 것이다. 주제별로 기록을 정리하는 대신에 아키비스트는 주제별 색인 혹은 "접근점(access point)"이라는 것을 만들었다. 이를 통해 연구자들이 주어진 주제에 관련된 모든 기록을 찾을 수 있게 했다. 이 점에 대해서는 스텝 12에서 더 자세히 다룰 것이다.

이 스텝에서는, 콜렉션 속의 모든 기록을 시리즈로 나누어야 한다(사실 콜렉션은 하나 이상의 시리즈로 나눌 수 있다. 만약에 오직 하나의 시리즈만 있다면, 모든 기록을 같이 두면 된다). 가령 당신이 마그네이트 철도 회사의 기록을 가지고 있다고 하자. 첫 번째 상자에서 당신은 일련의 직원 훈련 파일을 발견했다(35개의 폴더가 직원 성을 따라 알파벳 순서로 정리되어있고 각 폴더에는 직원별로 완료된 훈련 기록이 들어있다고 하자). 이것은 하나의 시리즈를 구성한다. 다음에 당신은 "외상매입장부(Accounts Payable)"라고 라벨이 붙어있는 덩어리를 발견했다. 이것도 다른 하나의 시리즈이다. 여기서 외상매입장부에서 직원훈련 폴더를 분리해 다른 곳, 다른 상자 등에 두어라. 전체 콜렉션에 걸쳐 모든 시리즈를 식별하고 분리할 때까지 계속해라(시리즈에 관한 논의는 2장을 참고해라. 만약 콜렉션에서 시리즈를 발견해내는 데 도움이 필요하다면 말이다).

만약에 시리즈가 명확하지 않다면, 시간을 더 들여 생각을 해보거나 다르게 정리해보는 시도를 해보고 싶을 수 있다. 적절하게 시리즈를 식별했다고 느낄 때까지 종이나 컴퓨터에 리스트를 만들어라. 왜냐하면 당신이 기록을 체계화(organize)하면 다시 되돌리기는 불가능하거나 아주 어렵기 때문이다.

이 스텝의 결과로 당신은 당신 앞에 혹은 근처 선반에 몇몇의 기록 더미(각각은 시리즈이다)를 가지게 되었을 것이다. 이제 당신은 스텝 6으로 갈 준비가 되었다.

▌스텝 6 : 각 시리즈 안에서 기록을 정리하라

논리적인 방법(연대 순, 알파벳 순 등)으로 시리즈 안의 기록을 정리해라. 그러나 원 질서가 다른 정리보다 우선한다는 것을 명심해라.

당신이 정리하고 있는 콜렉션에서 한 시리즈를 선택해서 그것을 살펴보아라. 그 시리즈 안의 기록은 어떤 논리적인 방법으로 이미 정리가 되어 있을지도 모른다. 아마도 연대순이나 알파벳 순 혹은 숫자 순으로 말이다. 그렇다면 당신은 다시 정리할 필요가 *없다*. 아키비스트는 원 질서를 신성불가침한 것으로 여긴다는 것을 명심해라. 만약에 시리즈 안에서 기록물의 원 질서를 확인할 수 있다면, 그 질서를 그대로 지키는 것이 중요하다. 만약 매우 신중한 검토 끝에 어떤 질서도 발견하지 못했다면, 기록물이 현용 단계였을 때 보관되었을 것 같은 순서 혹은 당신에게 가장 유용할 것이라고 여겨지는 순서대로 기록물을 두어라. 그러나 이 작업을 할 때는 시간을 충분히 두고 하는 것이 중요하다. 나는 예전에 몇 주에 걸쳐 콜렉션에 대해 연구를 한 적이 있다. 언뜻 보기에는 정리가 안 되어 보였던 폴더 제목이 사실은 남쪽에서 북쪽으로 지리학적 순서로 정리되어 있다는 것을 몇 주 후에야 깨달았다! 내가 포착한 바로는, 정리는 완벽히 이치에 맞았고 정말로 기록의 내용을 잘 전달해주었다. 그리고 그 정리는 그 콜렉션을 생산한 계획 부서 엔지니어와 엔지니어들이 자신의 일에 대해서 어떻게 생각하고 있었는지에 대해서 많은 것을 말해주었다. 내가 서둘러서 콜렉션을 재정리했었다면, 나는 맥락상의 단서를 파괴했을 지도 모른다. 여기서의 교훈은 성급해서는 안 된다는 것이다. 원 질서를 파악하기 위해 다른 사람에게도 물어봐라. 그리고 의심이 들 때는 잠시 그대로 손을 떼라.

당신이 적용할 정리 방법을 결정했다면, 이 시리즈 내의 기록을 조사한 후 테이블 위에서 물리적으로 기록물을 정리해라. 예를 들어서 서신 파일을 연대순으로 정리하고 있다면 모든 서신을 검토하고 문서 폴더도 연대순으로 바르게 되었는지를 확인해라. 같은 방식으로, 만약 폴더가 알파벳 순서라면 적절한 알파벳 순서로 되었는지를 확인해라(만약 존스(Jones)를 조나스(Jonas) 앞에 두는 것 같이 어떤 사람이 명백히 잘못 철해두었다면 폴더를 원래 있어야 할 곳에 제대로 두어라). 순서대로 폴더를 두었다면 이제 상자에 넣어라.

당신은 폴더 정리만 확인하면 되는지 아니면 폴더를 열어서 그 안에 있는 각각의 문서까지 다 정리를 해야 하는지 궁금할 수도 있다. 한때 아키비스트들이 아이템/건별로 폴더 내용까지 정리한 때가 있었다. 나는 19세기 편지 콜렉션을 연대순으로 정리하면서 연필을 사용해서 (사각 괄호로) 날짜가 표시되어 있지 않은 편지에 대략의 날짜까지 조심스럽게 표시했고 정확한 순서로 각 건이 정확히 순서대로 되어 있다고 확신했던 것을 기억한다. 규모가 매우 작거나 극히 드문 콜렉션이거나 혹은 아주 재정이 넉넉한 아카이브즈에서 그런 일은 의심할 여지없이 계속된다. 하지만 모든 폴더에 이런 작업을 해야만 한다고 느낄 필요는 없다. 그렇게 해야 할 이유가 있다면, 그렇게 하면 된다. 그러나 그렇게 되면 한 콜렉션에 빠져서 차례를 기다리는 수백 개의 다른 콜렉션을 기술할 시간을 찾지 못하게 되기 쉽다. 당신이 *모든* 콜렉션에 대해 어느 정도의 필요 수준으로 정리와 기술을 하기 전까지는 *이* 콜렉션에 대한 정말로 깊이 있는 정리와 기술이 필요하다는 것을 알 수 없다. 일반적으로 폴더를 순서대로 정리하는 정도면 충분하다.

이 단계동안 기록물을 정리하면서 당신은 기록의 형식(format)과는 상관없이 정리를 해야 한다. 모든 기록—정리되지 않은 철, 마이크로필름, 합본—은 형식에 관계없이 적절히 정리가 되어야 한다. 적어도 지금은 말이다. 가령, 당신이 프레데릭 스미스(Frederick Smith)의 일기 콜렉션을 보유하고 있다. 그런데 스미스 씨는 이 일기를 어떻게 유지할지 결정을 못했다. 처음 3년은 3개의 가죽 제본으로 된 책에 수기로 썼다. 4년에서 9년까지는 CD의 전자기록이고, 10년은 다시 가죽 제본이 된 책이다. 이 단계에서 당신은 테이블 위에 1년 책, 2년 책, 3년 책 그리고 CD, 마지막에 마지막 책 순서로 둘 것이다. 지금 관심사는 이들이 적절한 순서로 되었는가이다. 다른 형식에 대해서는 스텝 8과 11에서 다룰 것이다.

이 시리즈를 끝낸 다음에 다른 시리즈를 선택해서 반복해라—정리 방법을 결정해서 물리적으로 정리해라. 콜렉션의 모든 시리즈가 적절히 정리될 때까지 계속해라. 이 단계에서 연습문제 E가 도움이 될 것이다.

▌스텝 7 : 다른 시리즈와의 관계 속에서 시리즈를 정리하라

콜렉션의 모든 시리즈를 어떤 논리적인 방식으로 정리해라. 시리즈 정리는 보통 기록을 생산한 시스템의 위계질서를 반영한다.

당신은 각 시리즈 내의 기록들을 논리적인 방식으로 정리하는 것을 마쳤다. 이제 시리즈 자체가 다른 시리즈와의 관계 속에서 논리적인 방식으로 정리될 필요가 있다. 이 단계의 목적은 다른 시리즈와의 관계 속에서 보았을 때 가능하다면 시리즈에 순서감를 부여하는 것이다.

비즈니스 콜렉션의 경우 논리적인 정리는 때때로 쉬울 때가 있다 : 채용이 인사파일 앞에 온다. 왜냐하면 구직 업무(그 결과 채용이 일어나게 된다)가 고용 업무(그 결과 인사 파일이 만들어진다)에 선행하기 때문이다. 개인 기록(서신, 일기 등) 콜렉션에서는 시리즈 간에 명확한 관계가 없을 지도 모른다. 괜찮다. "올바른" 방법이 없으니 논리적인 순서로만 정리하면 된다. 논리적 순서도 없다면 이것도 걱정할 필요가 없다. 연습문제 F가 이것을 연습해보게 해줄 것이다.

이 단계의 끝날 무렵에는 시리즈별로 그룹 지어져 있는 기록이 테이블 위에(혹은 선반 위 혹은 어디든) 놓여 있어야 한다. 각 시리즈 내의 기록은 어떤 논리적 순서로 되어 있을 것이다. 마찬가지로 시리즈 자체에도 어떤 논리적 순서가 있어야 한다. 다음 스텝에서는 상자와 묶음(volumes)에 번호를 매기게 될 것이다.

▌스텝 8 : 각 시리즈와 유닛에 번호를 매겨라

각 시리즈(콜렉션 번호 + 순서 번호)를 번호 매겨라. 그리고 시리즈내의 각 컨테이너 혹은 아이템(시리즈 번호 + 순서 번호)에 번호를 매겨라(그림 6, 7 참조).

당신의 콜렉션은 시리즈로 정리되었다. 이제 각 시리즈에 번호를 매길 수 있다. 이 시리즈 번호는 콜렉션 번호 - 순서 번호로 되어 있다. 만약에 콜렉션 1에 첫 번째 시리즈라면 시리즈 번호는 1-1이다. 만약에 콜렉션 1의 두 번째 시리즈면 1-2이다. 당신이 작업하는 다음 콜렉션은 콜렉션 2가 될 것이고 첫 번째 시리즈는 2-1이, 두 번째 시리즈는 2-2가 될 것이다. 〈그림 6〉에서 시리즈 번호를 설명한다.[2]

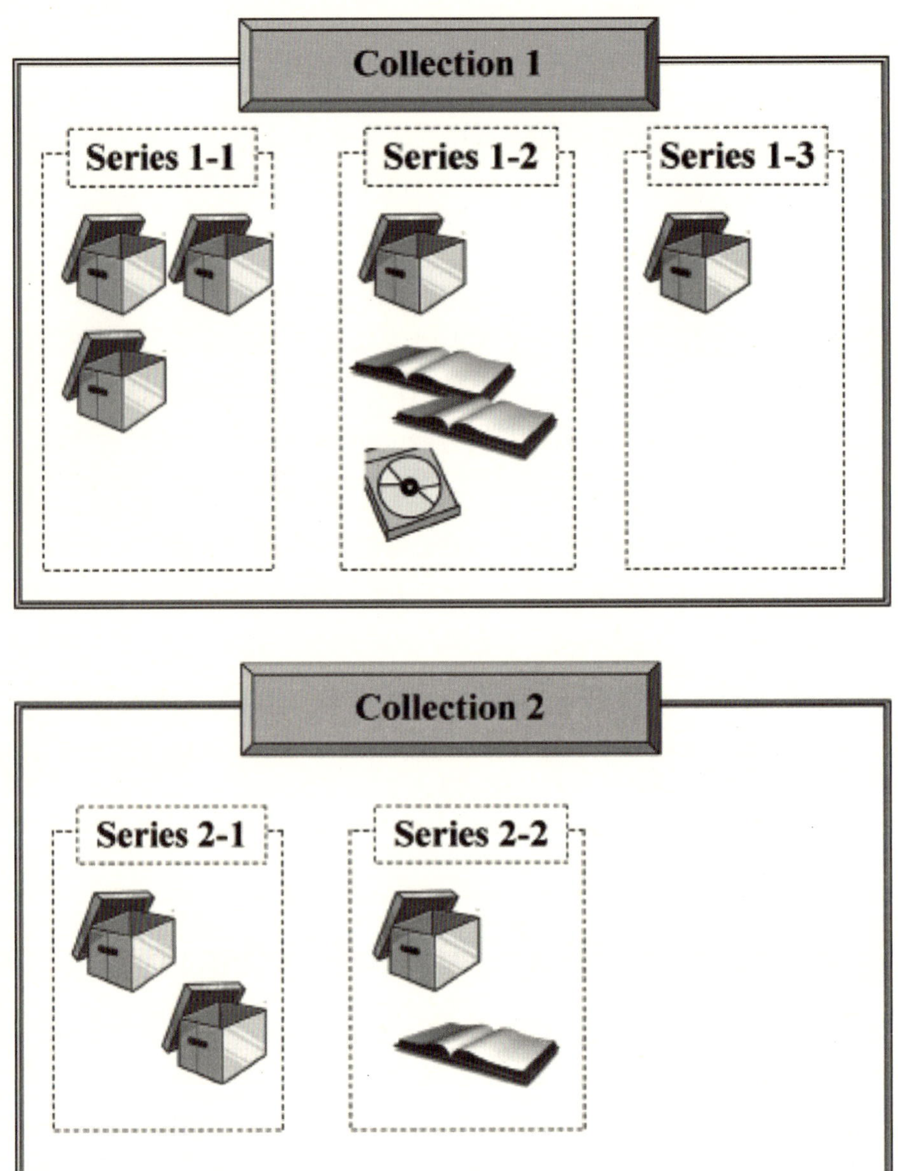

그림 6. 시리즈 번호 매기기

2. 서론에서 말했듯이 여기에서 말하는 방법은 여러 가지 중 *하나의* 방법이지 *유일한* 방법은 아니다. *유일한* 방법은 없다.

　　마지막으로 시리즈 내의 유닛에 −상자, 묶음, 다른 컨테이너 혹은 분리된 아이템− 번호를 매겨라. 시리즈 1-1의 첫 번째 유닛은 1번이다. (그래서 1-1.1이 된다) 두 번째는 2번(1-1.2)이 된다. 〈그림 7〉에서 유닛 번호를 설명한다. 기억해라. 스텝 6에서 당신은 이 기록을 형식에 관계없이 논리적 순서로 정리했다. 그 말은 번호를 매길 때에도 유닛 1은 상자가 될 수 있고 유닛 2는 마이크로필름이고 유닛 3은 다시 상자가 될 수 있다는 말이다. 선반에 유닛을 위치시키기 전, 이에 대해 스텝 11에서 더 다룰 것이다.

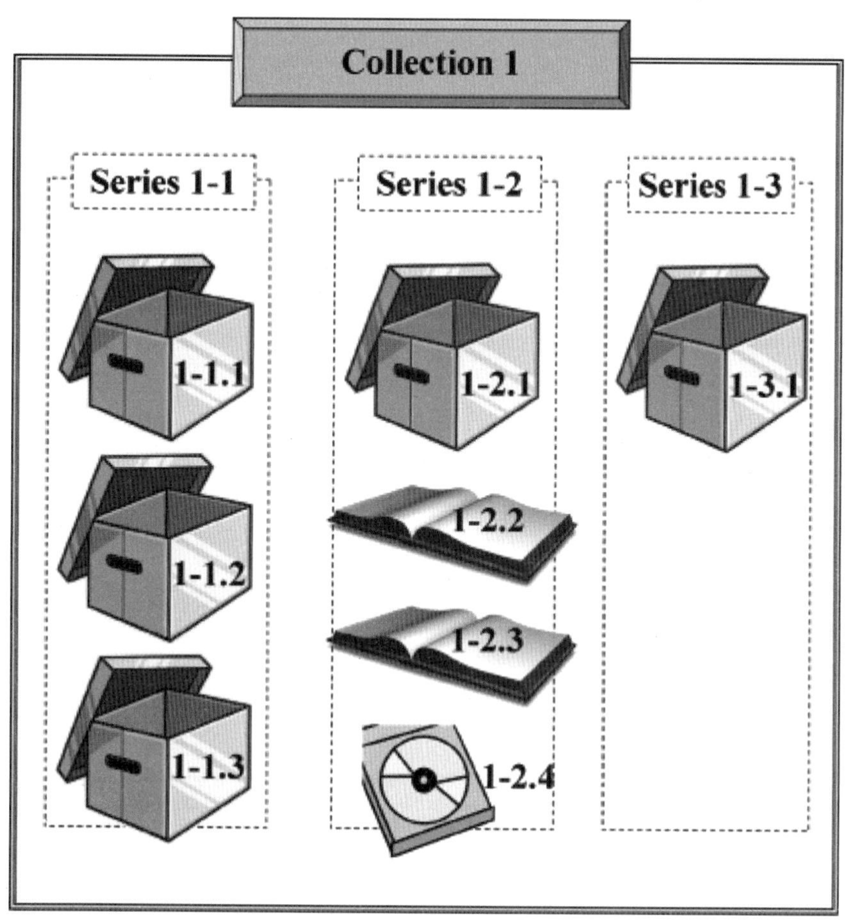

그림 7. 유닛과 아이템(건) 번호 매기기

　　각 *아이템* 별로 번호를 매길 필요는 없고 *유닛*이면 충분하다. 유닛이라 함은 독립된 컨테이너나 아이템이다. 유닛은 상자가 될 수도 있고 묶여있는 책, CD, 지도 몇 개가 들어있는 폴더 혹은 각각의 지도(당신이 각각 번호를 매겨야겠다고 결정했다면), 몇몇 사진이 들어있는 폴더, 혹은 각각의 사진(마찬가지로 각각 번호를 매기겠다고 결심했다면)이 될 수도 있다. 스텝 11을 읽은 다음에 지도와 사진을 분리해서 각각 번호를 매길지를 결정할 수 있을 것이다. 각 유닛은 5장 정리와 기술을 넘어서의 "컨테이너와 아이템에 라벨 붙이는 법"의 설명에 따라 라벨을 붙이면 된다.

　　스텝 9에서는 시리즈 기술 양식(Series Description Sheet)에 시리즈와 유닛 번호를 적을 것이다.

▌스텝 9 : 각 시리즈의 시리즈 기술 양식(Series Description Sheet)을 완성하라

콜렉션의 각 시리즈 별로 시리즈 기술 양식을 완성하라(그림 8·9, 예시 1·2· 3·4 참조).

　　이제 콜렉션의 각 시리즈를 기술할 시간이다. 이것은 당신 일의 심장이다. 이것은 연구자들이 기록을 볼 것인지 아닌지를 결정하기 위해 읽어보는 기술이다. 샘플 시리즈 기술 양식을 〈그림 8〉에서 제시했다. 당신은 각 시리즈별로 이를 완성해야 한다. 완성된 형태가 〈그림 9〉이다.

- *시리즈 번호(Series Number)* : 이 항목에는 스텝 8에서 할당한 시리즈 번호를 써라.
- *시리즈 제목(Series Title)* : 특정한 시리즈를 설명하는 제목을 써라. 콜렉션 제목이 생산자 혹은 엮은이의 이름을 포함하고 있듯이 시리즈 제목도 적절한 기록의 형태(일기, 회의록, 계약서, 사진 등) 혹은 시리즈로 만들어주는 활동이나 기능(저수지 계획 사진, 역사적 보존 검토 기록, 교수 회의록 등)을 묘사할 수 있어야 한다. 가능하다면 형태와 기능 둘 다를 제목에 사용해라 : 가령, "저수지 계획 사진"이라는 제목에는 기록의 형태(사진)과 시리즈를 만들게 된 기능(저수지 계획)이 포함되어 있다.

- *날짜(Dates)* : 특정한 시리즈의 날짜를 적어라. 시리즈 전체 날짜를 쓸 때 했던 방식과 동일하게 하면 된다. 스텝 4에서 했던 날짜 관련 논의가 도움이 될 것이다.

- *양(Quantity)* : 다음 두 가지를 기억하는 한 어떻게 측정하던지 큰 문제는 없다. 모든 사람이 다 이해할 수 있는 측정방식을 사용할 것(가령 6개 상자 같은 애매한 용어를 사용하지 마라. 왜냐하면 당신이 양을 쓸 때 염두에 두고 있는 상자 크기에 대해서 어떤 사람도 확신할 수 없기 때문이다), 그리고 일관되게 쓸 것. 어떤 것은 직선 피트(linear feet)로 하면서 다른 것은 입방피트(cubic feet)로 측정하고, 어떤 것은 센티미터로 하면서 다른 것은 인치로 측정하지 마라. 다음과 같이 여러 가지 방법으로 양을 표시할 수 있다.

6 linear feet : 단순히 선반에 물건을 두고 차지하는 공간의 길이를 측정한다.

7v. : "v."는 "권(volume, volumes)"의 줄임말이다. 그러나 철자를 다 쓰던가 "vol." 이라고 써도 된다.

ca. 1,100 items : "약 1,100개의 아이템"은 사진이나 지도 콜렉션에서 사용할 수 있는 양이다.

18 items : 아이템 수가 적으면 정확한 수로 표시해라. 그러나 가령 "약 18건" 이라고 쓰지는 마라. 당신의 입장에서 정확한 수를 세는 것은 애를 안 써도 쉽게 할 수 있다.

2 microfilm reels : 비록 마이크로필름 릴의 길이가 다양하지만 이런 측정은 대부분 연구자들에게 충분히 구체적이다.

6 cubic feet : 많은 아카이브즈는 표준 측정 기준으로 입방 피트를 사용한다. 특히 기록물이 입방 피트 상자나 입방 피트로 쉽게 계산될 수 있는 상자에 들어 있는 경우라면 그렇다.

시리즈 번호 : ☐

시리즈 기술 양식

시리즈 제목 : ☐

시리즈 날짜 : ☐

양 : ☐

정리 방식 : ☐

범위와 내용 설명 :

컨테이너 목록 :

그림 8. 시리즈 기술 양식

시리즈 번호 : | 1-1 |

시리즈 기술 양식

시리즈 제목 :　　　| 메러디스 크롬웰 일기 |

시리즈 날짜 :　　　| 1926, 1928, 1932-49 |

양 :　　　| 19권 |

정리 방식 :　　　| 연대순 |

범위와 내용 설명 :

센터빌의 유명한 건축가인 메러디스 크롬웰의 개인 일기. 일기는 크롬웰 여사의 커리어 초기시절을 다룬다. 조지 해머샴(George Hammersham)에게서 3년간 도제 생활 당시의 일기 두 권이 포함되어 있다. 크롬웰 여사는 동료와 경쟁자에 대한 솔직한 의견뿐만 아니라 그녀의 건축이론, 그녀가 받은 특정한 임무, 받고 싶었던 희망사항도 적어두었다. 그녀의 커리어에 대해 알려주는 것과 더불어, 크롬웰의 일기에는 가족문제와 제2차 세계대전과 관련된 긴 기록을 포함해 그 당시 사건들이 들어있다(크롬웰의 남자형제인 조나단은 전쟁에 동원되었다).

1933년 7월 10일부터 그 해 12월 12일까지 기록은 빠져있고 분명하게 일기에서 잘려있다.

컨테이너 목록 :

　　　1-1.1　일기, 1926

　　　1-1.2　일기, 1928

　　　1-1.3　일기, 1932-35

　　　1-1.4　일기, 1936

　　　1-1.5　일기, 1937

　　　1-1.6　일기, 1938

　　　1-1.7　일기, 1939

　　　1-1.8　일기, 1940

　　　1-1.9　일기, 1941-43

　　　1-1.10 일기, 1944

[기타 – 나머지 컨테이너 목록은 생략]

그림 9. 완성된 시리즈 기술 양식

- *정리(Arrangement)* : 특정 시리즈 내의 기록이 어떻게 정리되어 있는지를 밝혀라. 한 단어, 가령 "연대순", "알파벳 순", 혹은 "숫자순" 등으로 쓰려고 노력해라. 필요한 경우라면 정교하게 써라(예시 : "연대순 그리고 해당년 내에서는 고객명으로 알파벳 순). 그러나 한 단어로 요약해주는 것이면 충분하다.

- *범위와 내용(Scope and Content Note)* : 가장 중요한 기술이다. 그리고 스텝 2에서 썼던 설명을 참조해라. 범위와 내용에서 당신은 연구자에게 시리즈에 관해서 당신이 아는 바를 말해준다.

  - 이 시리즈에는 어떤 종류의 기록이 담겨있는지

  - 어떤 활동 때문에 이 시리즈가 만들어졌는지

  - 어떤 정보를 기록이 담고 있는지 (어떤 주제나 사건이 기록에 표현되어 있는지를 포함해서)

  - 기록에 눈에 띄는 시간적 공백이 있는지 그리고 왜 이 공백이 발생했는지

  - 만약 적절하다면, 이 기록에서 발견되지 않는 것을 설명해라. 특히 연구자들은 이 기록 속에 있을 것으로 추정하지만 사실 없는 것이라면 말이다. (예를 들어 오빌과 윌버 라이트(Orville and Wilbur Wright) 형제의 기록을 가지고 있지만 비행기에 관한 내용이 없다면 그 사실을 범위와 내용 항목에서 설명해야 한다.

- 연구자들은 실제 기록을 보고 싶은지를 당신이 스텝 3에서 썼던 콜렉션 배경설명과 각 시리즈의 범위와 내용을 읽으면서 결정할 수 있어야 한다. 철저한 기술이 연구자들의 정보 검색 범위를 좁혀줄 수 있고 그들의 시간과 노력을 낭비하지 않게 할 수 있다. 범위와 내용에 관한 다른 예는 예시 1, 2, 3, 4를 참조해라.

- *컨테이너 목록(Container List)* : 여기에서 콜렉션 유닛(상자, 묶음, 마이크로필름 릴, 혹은 혼자 서있을 수 있는 어떤 것)의 목록을 만들어라. 유닛은 스텝 8 끝 부분에서 당신이 할당한 번호를 사용해서 순서대로 목록에 써라. 번호 매기기 전에 모든 유닛을 논리적 순서로 두었기 때문에 논리적 순서는 당신이 순번대로 유닛을 목록화하면 명확해진다. 가령 〈그림 9〉에서 일기는 당신이 번호를 매기기 전에 연대순으로 되어 있었다. 이제 순서대로 목록화하면 그들의 연대순이 즉시 명백해진다(다음 섹션에서 우리는 이 정리의 예외에 대해서 말할 것이다). 당신이 유닛을 스텝 6에서 논리적으로 순서로 두었을 때, 당신은 형식과는 상관없이(합본된 책을 마이크로필름 옆에 두었을지도 모른다) 그렇게 했다는 것을 기억해라. 이 말은 컨테이너 목록은 매우 분명하게 시리즈 정리를 드러낸다는 말이다. *당신은 이제 서류상에서도 시리즈의 원 질서를 잡아냈다.* 나중에 스텝 11에서 서고에 둘 때 유닛을 분리할지 여부를 결정할 수 있다. 그러나 당신은 컨테이너 목록에 원 질서를 기록해두었기 때문에 언제든지 원 질서를 *다시 만들어낼* 수 있을 것이다.

만약 이 기록이 아카이브즈에 이미 존재하는 시리즈의 추가라면 어떻게 해야 할까?

때때로 당신은 이미 당신 아카이브즈에 있는 시리즈 부분을 구성하는 인수(accession)를 받게 될 것이다. 가령, 당신은 〈그림 9〉에서 보여지는 일기 시리즈를 정리 기술했다. 1년 후에 1927년과 1931년까지의 잃어버렸던 일기 중 2권을 받았다(이런 기록은 "추가인수기록(accretion)"이라고 하고 점진적인 축적에 의해서 증가하는 것을 의미한다). 어떻게 해야 할까? 우선 새로운 인수 번호를 부여하고 인수 양식을 만든다. 그 다음에 적어도 두 가지 방법으로 이 새로운 기록을 다룰 수 있다.

첫 번째 방법은 마치 추가인수기록이 이전 기록과는 관계가 없다는 듯이 시리즈 번호를 할당하고 시리즈 기술 양식을 작성하는 것이다. 그러나 범위와 내용 항목에서 "시리즈 1-1을 또한 보시오"라고 쓰고 연구자들에게 이전 시리즈의 범위와 내용에 대해서 말해줄 수 있다.

두 번째 방법은 추가인수기록을 초기 기록과 같은 시리즈 번호를 부여해서 다루는 방식이다. 이 말은 새 기록이 원래 시리즈 사이의 적절한 위치에 들어 갈 수 있게, 초기 시리즈 기술양식을 다시 써야 한다는 것을 의미한다. 시리즈 내의 존재하는 유닛에 새로 번호를 매길 필요는 없다. 그냥 새 아이템을 제일 끝에 더하면 된다. 〈그림 9〉의 예시에서 새 일기는 유닛 1-1.11과 1-1.12가 되었다. 그러나 컨테이너 목록은 개정해야 한다. 이것도 두 가지 방법이 있는데 하나는 새로운 두 아이템을 제일 뒤에 더하는 방법이다. 그래서 컨테이너 목록은 다음과 같아진다.

1-1.9	일기, 1941-43
1-1.10	일기, 1944
1-1.11	일기, 1927
1-1.12	일기, 1931

혹은 유닛번호가 시리즈 정리(연대순)를 반영할 수 있게 하기 위해서 컨테이너 목록을 재정리하는 방법이 있다. 비록 유닛 번호는 더 이상 번호순으로 보이지는 않게 되지만 말이다.[3]

        1-1.1   일기 1926
        1-1.11   일기 1927
        1-1.2   일기 1928
        1-1.12   일기 1931
        1-1.3   일기 1932-35
        1-1.4   일기 1936
                   등.

이 추가인수기록에 대한 정보는 존재하는 시리즈의 부분을 형성한다고 적어두어라. 만약에 당신이 기관의 아키비스트라면 당신은 기존 콜렉션의 어떤 부분인 *새로운* 시리즈를 종종 받게 될 것이다(가령 당신은 같은 부서나 기관이 생산한 새로운 시리즈를 받을 것이다). 그런 경우에 새로운 기록을 새로운 시리즈로 다루어라. 스텝 12에서 각 콜렉션의 생산자/엮은이에 대한 주제 항목(subject entry)을 만드는 것으로 카탈로그 항목에서 두 개의 시리즈를 연결시킬 수 있을 것이다.

█ 스텝 10 : 콜렉션 기술양식과 시리즈 기술양식을 검색도구로 통합시켜라

당신이 수집한 정보를 하나의 검색도구로 통합시켜라(그림 10 참조).

콜렉션 전체 및 각각의 시리즈에 관한 정보를 수집하는 것은 만약 각각의 양식에 정보를 기록해두었다면 간단한 일이다. 하나의 검색도구로 이 양식들을 통합함으로서 당신의 고객들은 쉽게 사용할 수 있을 것이다. 만약에 기술

---

3. 만약에 이것이 더 낫다고 판단되면 유닛 제목을 우선 두고 그 다음에 유닛 번호를 둘 수도 있다. 그러면 컨테이너 목록은 다음과 같게 된다.
   일기 1926, 1-1.1
   일기 1927, 1-1.11
   일기 1928, 1-1.2
   일기 1931, 1-1.12
   유닛 제목과 유닛 번호를 적어두는 한, 컨테이너 목록을 이해할 수 있을 것이다. 정리 방법에 유연하게 적용해라.

양식을 컴퓨터에 만들어두었다면 하나의 문서에 텍스트를 복사해서 붙이는 수 고만 하면 된다.

〈그림 10〉은 이 검색도구의 한 형식(format)을 보여준다(약간 다른 형식을 사용하는 템플릿은 예시 8을 보아라). 전체 콜렉션의 배경 설명과 범위 내용 설명이 각 시리즈에 대한 설명 앞에 온다는 데 주목해라.

메리 찰스 에반스 커트라이트 기록
1851-1950, 1983-1984

규모 : .05 직선피트
선반 유닛 : 1 매뉴스크립트 박스, 대형 페이지

전기 설명 : [배경설명]
메리 찰스 에반스 커트라이트(1835-1908)는 조지아 라그란지(LaGrange)에서 토마스 크렌쇼(Thomas Crenshaw)와 로다 빌지 스완슨 에반스(Rhoda Bealsey Swanson Evans)의 딸로 태어났다. 커트라이트 여사는 미국 남북전쟁 전에는 라그란지 여자 학교(LaGrange Female Academy)의 선생님이었다. 그녀와 세 명의 다른 여선생님이 전쟁 동안 폐쇄한 학교를 다시 시작했다. 그녀는 라그란지의 사무엘(Samuel)과 바바라 맥코이 하우웰 커트라이트(Babara McCoy Howell Curtright)의 아들 존 코넬리우스 커트라이트(John Cornelius Curtright, 1830-1862)와 1855년 9월 25일에 결혼했다. [등]

범위와 내용 주기 :
이 기록은 주로 가족 편지, 사진, 스크랩북 페이지와 유품 그리고 족보 기록으로 구성되어 있다. 이 콜렉션은 3개의 시리즈로 나뉜다 : 서신, 족보학 그리고 다양한 것들. 신문 스크랩북, 편지들, 명함판 사진 앨범이 포함되어있다. [등]

시리즈 주기 :
서신, 1862-1926
18건
서신에는 존 코넬리우스 커트라이트가 1862년 10월 9일 켄터키 페리빌에서 죽기 3일 전에 쓴 편지 가 포함되어 있다. 렌하드(J.W. Lenhard)가 1862년 10월 21일에 커트라이트 여사에게 보낸 편지에 서 커트라이트 대위의 죽음을 알린다. 이 두 편지가 타이핑되어 글로 옮겨진 것이 포함되어 있다. 커트라이트 여사에게 온 남편의 죽음에 관한 다른 편지는 조지아 주 그린 카운티(Greene County)에 사는 그의 삼촌 존 커트라이트(John Curtright)에게서 1862년 12월 21일에 온 것이다. 다른 편지는 가족이나 친구들이 커트라이트 여사에게 보낸 것으로, 1867년부터 1894년에 걸쳐있다.

족보, 1850년, 1984년
4건
커틀라이트와 에반스 가족에 관한 족보 데이터에는 다음이 포함되어 있다. "피들러박사가 쓴 아우구 스타 제인 에반스 윌슨의 전기에서 얻은 몇몇 에반스 정보(Some Evans Data Gained from the Biography of Augusta Jane Evans Wilson by Dr. Fidler)", 타자친 원고, 1950년경 엮은이 미상 : 포레스트 클라크 존슨 3세(Forrest Clark Johnson III) "커트라이트 가족(The Curtright)", 트룹 카운티 조지아와 그녀의 사람들, 4권 1호 1984년 1월 : 가족 계보 차트 : 다양한 노트.

그림 10. 검색도구(조지아 트룹 카운티에서 차용)

만약에 이용자가 당신의 기술을 웹에서나 혹은 기록보존소 내의 컴퓨터 시스템 상에서 검색을 할 수 있다면 검색도구는 충분히 검색 가능할 것이며 컴퓨터에서 볼 수 있을 것이다. 그렇지 않다면, 연구자들이 참조할 수 있도록 각 검색도구를 프린트해서 3공 링 바인더에 두면 된다. 그냥 각 검색도구를 프린트해서 콜렉션 그리고 시리즈 번호대로 바인더에 끼워두면 된다. 바인더가 가득 차면 다른 바인더를 만들어라.

비록 컴퓨터 상에 검색 도구를 가지고 있다 하더라도, 종이에 프린트해두는 것은 좋은 생각이다(전자적 백업에 추가해서 말이다). 프린트를 통해 고객들은 검색도구에 추가적으로 접근할 수 있다. 어떤 사람은 종이를 선호하기도 하고 만약 전기가 나갔을 때 프린트가 유일한 접근 방법이 될 수도 있다.

■ 스텝11 : 유닛을 선반에 위치시켜라

적절한 순서로 선반에 기록을 위치시켜라. 모든 기록을 같이 두던가 아니면 기록의 유형의 따라 위치시켜도 된다.

이제 유닛(상자, 묶음 등)을 선반에 위치시켜보자. 당신은 이것을 다양한 방식으로 할 수 있다. 첫 번째 방법은 선반에 모든 것을 다 같이 두는 것이다. 다른 말로 하자면, 첫 번째 선반에 첫 번째 콜렉션의 첫 번째 시리즈의 첫 번째 유닛(1-1.1)을 두는 것으로 시작해서 그 다음에 같은 시리즈의 두 번째 유닛(1-1.2)을 두는 것이다. 첫 번째 유닛이 합본이고, 두 번째는 마이크로필름인지에 상관없이 말이다. 모든 유닛을 선반에 순서대로 배열한다. 이렇게 하는 것의 장점은 유닛 번호로 당신이 원하는 어떤 것이든 쉽게 찾을 수 있다는 것이다. 단점은 공간을 많이 차지해서 우리 대부분은 그렇게 할 공간이 없다. 가령 큰 합본(유닛 1-1.1)을 선반에 두고 그

비슷한 사이즈의 문서 상자는 아카이브즈 서고에서 같이 보관된다. (조지아 법원 아카이브즈)

옆에 두 개의 CD(유닛 1-1.2와 1-1.3) 두는 것을 상상해봐라. 선반은 큰 합본을 위해서 만들어졌지만 CD는 작다. CD의 나머지 공간은 버려진다.

두 번째 방법은 공간을 최대한으로 이용하는 방법으로 아이템 별로 두는 것이다. 즉, 모든 합본은 한 곳에 두고, 모든 상자는 다른 곳에, 모든 지도를 모으고, 모든 CD도 모으는 등의 방법으로 보관하는 것이다. 지도나 사진 같이 특이한 사이즈의 자료를 위치시킬 때 명확히 이해가 되는데, 이런 종류의 자료는 종류별로 함께 두는 것이 보관하기에 편리하기 때문이다. 책이나 상자일 때도 마찬가지이다. 왜냐하면 공간을 낭비하지 않기 위해 각 유닛의 형태에 맞게 선반을 설정할 수 있기 때문이다. 두 번째 방법을 사용하기 위해서는 다른 형태에 속하는 유닛 번호만 건너뛰고 순서대로 선반에 두면 된다. 만약에 유닛 1-1.1이 합본이면 합본 섹션 선반에 첫 번째 유닛이다. 다음 유닛(1-1.2)이 상자라면, 이것은 상자 섹션의 첫 번째 유닛이 된다. 만약 유닛 1-1.3이 박스라면 1-1.2 옆에 둔다. 만약 1-1.4가 합본이면 합본 섹션 선반의 1-1.1 옆에 두면 된다.

이 방법을 사용하게 되면 연구자가 1-1.3 유닛을 요청했을 때 당신은 이것을 찾으러 여러 군데를 돌아다녀야 할지도 모른다. 그러나 이 방법이 큰 문제를 부과하는 것은 아니다. 공간을 절약한다는 장점이 두세 장소를 가야하는 단점을 보상한다. 만약에 이것이 큰 문제가 된다면 컨테이너 목록의 유닛 번호 뒤에 어느 선반에 있는지 알려주는 글자를 써 넣는 것으로 해결할 수 있다. 가령 1-1.1B는 1-1.1 유닛은 상자(box의 "B") 섹션에 있다는 의미이다. 1-1.2V는 합본(bound volume의 "V")을, "P"는 사진(photograph)을, "M"은 지도(map)를 의미한다. 어떤 증서는 상자에 들어있고 어떤 증서는 합본으로 되어 있는 결혼 증서에 관한 컨테이너 목록은 다음과 같을 것이다.

1-1.1B 증서 1936

1-1.2B 증서 1937

1-1.3V 증서 1938

1-1.4V 증서 1939

1-1.5V 증서 1940

1-1.6B 증서 1941

선반에는 상자(B) 1-1.1, 1-1.2, 1-1.6이 나란히 정리되어 있고 합본은 1-1.3, 1-1.4, 1-1.5 순서대로 선반에 있을 것이다.

그러나 "내가 원 질서를 어지럽히지 않은 것인가? 만약에 내가 모든 것을 같이 두지 않는다면 내가 원 질서를 깨는 것이 아닐까?"라고 생각할 수 있다. *물리적*으로 아이템을 분리하는 것이 꼭 *지적*으로 분리하는 것은 아니다. 시리즈 기술을 작성했고 컨테이너 목록에 원 질서를 신중하게 기록했다면, 당신은 각각의 상자나 합본을 물리적으로 분리해도 된다. 원 질서는 시리즈 기술 양식에 있는 컨테이너 목록을 참조해서 언제든지 다시 만들 수 있기 때문이다.

■ 스텝 12 : 접근점을 만들어라

콜렉션에 접근할 수 있는 지점을 만들어라(그림 11 참조).

마지막 단계는 콜렉션의 접근점을 만드는 것이다. 원한다면 이것을 주제표목(subject heading)이라고 불러도 좋다. 그러나 "접근점"은 사람들이 콜렉션에 처음 접근하게 하는 방향 제시점(pointer)이라는 사실에서 이해된다. 종종 이런 접근점은 주제이지만 다른 것이 될 수도 있다. 전통적으로 접근점은 카탈로그 카드 형태를 띠고 있었다. 그리고 여전히 카탈로그 카드를 만든다면 죄책감을 느낄 필요는 없다. 접근을 제공하려는 어떤 노력도 버려지는 것은 없다. 그러나 카탈로그 카드는 점차 일반적이지 않게 되었다. 작은 기록관에서도 말이다. 그래서 우리의 논의는 어떻게 접근점을 만들 것인가와 컴퓨터 시스템 상에서 이를 어떻게 작동하게 할 것인가에 맞춰진다. 만약에 여전히 카드를 만들고 있다 해도 이 정보는 유용할 것이다.

이 스텝에 3가지 단계가 포함되고 있다고 생각해도 좋다. 첫 번째 단계는 사람들, 장소 그리고 콜렉션에서 중요한 것들을 식별해내는 것이다. 두 번째는 이런 사람들, 장소 그리고 중요한 것들을 명명하는 데 어떤 용어를 쓸 것인가를 결정해야 한다. 마지막으로 검색도구에 그 용어를 더하고 만약 적절하다면 다른 시스템에도 올려야 한다.

메리 찰스 에반스 커트라이트 기록
1851-1950, 1983-1984

...

시리즈 주기 :
<u>서신, 1862-1926</u>
18건
서신에는 존 코넬리우스 커트라이트가 1862년 10월 9일 켄터키 페리빌에서 죽기 3일 전에 쓴 편지가 포함되어 있다. 렌하드(J.W. Lenhard)가 1862년 10월 21일에 커트라이트 여사에게 보낸 편지에서 커트라이트 대위의 죽음을 알린다. 이 두 편지가 타이핑되어 글로 옮겨진 것이 포함되어 있다. 커트라이트 여사에게 온 남편의 죽음에 관한 다른 편지는 조지아 주 그린 카운티(Greene County)에 사는 그의 삼촌 존 커트라이트(John Curtright)에게서 1862년 12월 21일에 온 것이다. 다른 편지는 가족이나 친구들이 커트라이트 여사에게 보낸 것으로, 1867년부터 1894년에 걸쳐있다.

<u>족보, 1850년, 1984년</u>
4건
커틀라이트와 에반스 가족에 관한 족보 데이터에는 다음이 포함되어 있다. "피들러박사가 쓴 아우구스타 제인 에반스 윌슨의 전기에서 얻은 몇몇 에반스 정보(Some Evans Data Gained from the Biography of Augusta Jane Evans Wilson by Dr. Fidler)", 타자친 원고, 1950년경 엮은이 미상 : 포레스트 클라크 존슨 3세(Forrest Clark Johnson Ⅲ) "커트라이트 가족(The Curtright)", 트룹 카운티 조지아와 그녀의 사람들, 4권 1호 1984년 1월 : 가족 계보 차트 : 다양한 노트.

접근점
커트라이트 가족
커트라이트, 존 코넬리우스(1830-1862)
커트라이트, 메리 찰스 에반스(1835-1908)
라그란지 여자 학교
페리빌, 켄터키 페리빌 전쟁, 1862
미국 - 역사 - 시민전쟁, 1861-1865

그림 11. 접근점

▌ 1. 콜렉션 내의 사람, 장소, 주제 그리고 형태를 식별하라

왜 연구자들이 이 특정 콜렉션에 접근하고 싶어하는가? 이 콜렉션 속의 어떤 사람들, 장소, 사건 그리고 주제에 대해서 그들은 정보를 찾고 싶어하는가? 이것이 접근점을 만드는 출발점이다. 어떤 접근점을 포함시킬지 생각하려면 콜렉션과 시리즈를 기술할 때 적어두었던 것을 보아라.

우선 접근점에 포함시킬 이름을 찾아라. 생산자/엮은이의 이름과 문서를 만든 다른 사람의 이름이나 언급된 사람들의 이름을 포함시키고 싶을 것이다.

만약에 콜렉션에 많은 이름이 거론된다면 모두 다 포함시킬 것인지 결정할 필요가 있다. 그렇게 하는 것은 시간이 많이 드는 일이기에 콜렉션에서 저명한 사람의 이름만 포함시킬 것인지 아니면 개인이 아니라 가족 이름(성)만 쓸 것인지를 결정해야 한다. 콜렉션은 많은 이름을 포함하고 있기 때문에 콜렉션 기술 이외에 이름 데이터베이스를 만들고 싶을 지도 모른다.

지리도 역사 연구에서 중요한 요소이다. 장소(타운, 주, 대학 등)와 지리학적 특성(호수, 산 등)도 접근점에 포함시켜라. 물론 기록이 중대하게 이 장소들과 관련이 있을 때만 접근점으로 만들면 된다. 접근점을 몇 개나 두어야 하는지에 대해 정해진 것은 없지만 각각의 접근점은 연구자들을 일반적인 참고가 아닌 중요한 무언가로 이끌 수 있어야 한다.

주제 접근 역시 중요하다. 주제를 얼마나 구체적으로 둘지에 대해 생각해야 한다. 가령 어떤 기록보존소에서는 어떤 콜렉션이 미국 남북전쟁에 관한 정보를 포함하고 있다고 알려주는 것만으로 충분할 수 있다. 그러나 미국 남북전쟁 자료로 특화되어 있는 기록보존소에서는 그런 광범위한 주제어는 필요가 없다. 대신 접근점은 더 구체적이어야 한다(예를 들어 남북전쟁 일기 혹은 오하이오의 남북전쟁 일기 등). 얼마나 구체적인가는 주관적으로 결정할 문제이다. 당신은 그런 결정을 가이드해줄 명문화된 정책을 보유하고 싶을 수 있다.

마지막으로 접근점을 명사(사람, 장소, 어떤 것)로만 제한하지 마라. 사건(가령 재난이나 축하), 직업(대장장이, 출판업자, 건축가), 특이한 기록 형식(은판 사진 타입이나 왁스 실린더 같은) 그리고 기록 형태(증서, 송장, 결혼증명서)도 포함되어야 함을 잊지 마라.

접근점은 길지 않기 때문에(주로 1-2 단어), 검색도구에 대한 기술에서 접근점이 연구자에게 이 시리즈를 왜 보게 했나를 명확하게 해주는 것은 중요하다. 메러디스 크롬웰 일기(그림 9)의 기술에서 예를 들면, 연구자는 쉽게 다음과 같은 접근점이 포함되어 있는 것을 이해할 수 있다.

- 건축
- 크롬웰 가족
- 크롬웰, 메러디스
- 크롬웰, 조나단

- 해머샴, 조지(Hammersham, George) (1918-1998)
- 해머샴, 조지(Hammersham, George) (1942-1987)[4]
- 제2차 세계대전, 1939-1945

2. 어떤 용어를 사용할지 결정하라

일관되게 접근점을 부여하는 것은 중요하다. 만약에 제1차 세계대전 참전 군인의 일기가 들어있는 콜렉션을 기술하고 있다면 그 전쟁에 대한 접근점을 더하는 것에 의심할 여지가 없다. 그러나 뭐라고 부를 것인가? 미의회 도서관(The Library of Congress)은 제1차 세계대전이라고 부르지 않고 "세계대전, 1914-1918"라고 한다. 만약에 표준화된 주제어(headings)를 사용하지 않는다면, 많은 다른 용어를 사용해서 다양한 콜렉션에 접근점을 줄 것이다. 세계1차대전, 첫 번째 세계대전 혹은 카탈로그에 나오는 다른 주제어 등이 그것이다. 그런 관행은 정보 검색의 범위를 좁혀주는 데 어려움이 된다.

그럼 어디에서 접근점에 사용할 표준화된 주제어를 찾을 수 있을까? 미의회 도서관 주제어 리스트를 따라야 하는 것일까? 아키비스트의 머리에서? 둘을 합친 것이나 다른 걸 모두 합친 것?

표준화된 리스트는 매우 편리하다. 그리고 적어도 그런 리스트가 존재하며, 온라인에서나 프린트해서 이용할 수 있다는 것을 알고 있어야 한다. 당신은 이들 중 어떤 것(혹은 어떤 걸 합친 것)을 사용해도 좋다. 미의회 도서관은 많은 기록보존소에서 사용하고 있는, 권위 있는 주제어 리스트를 발간한다. 시어스 주제어(the Sears headings) 역시 다른 표준 리스트이다. 주로 공공도서관에서 사용된다. 다른 표준 리스트도 있는데 의학 분야 주제어 리스트(*의학 주제어*(Medical Subject Headings or MESH) 국립 의학 도서관이 발간한다), 폴 게티 트러스트(J. Paul Getty Trust)가 발행하는 지리명 시소러스(Thesaurus for Geographic Names)와 예술가명 리스트(Union List of Artist Names), 뉴스 사진을 설명할 때 사용되는 키워드 표준리스트(Keywords for Digital Newsphoto Archives, 특별 도서관 연합의 뉴스 부서가 발행한다)도 있다. 만약 당신의 아카이브즈가 매우 전문적이라면 이런 주제어는 접근점을 제공하는 데 유용할 것이다.

---

4. 같은 이름의 두 사람을 구분하기 위해서 출생 날짜와 사망 날짜를 적어둔 것에 주목하라.

다음 두 개의 표준 리스트는 특별히 언급할 만하다. 왜냐하면 아키비스트들에게 특히 유용하기 때문이다. 하나는 예술 및 건축 시소러스(Art & Architecture Thesaurus, AAT)인데 AAT는 예술, 건축, 장식 미술, 재료 문화, 그리고 기록 자료를 기술하는 데 사용되는 용어를 표준화 해두었다. AAT에는 "도시설계(urban planning)"같은 활동이나 "지적도(cadastral maps)"같은 형태를 나타내는 기록, 혹은 기능("결혼 증서")이나 주제("인구조사 지도")를 포함하고 있어 기록관에서 접근점을 만들 때 특히 유용하다. 그래픽 자료 시소러스(Thesaurus for Graphic Materials, TGM)도 비슷한 시소러스인데 특히 시각자료를 위해 고안되었다. TGM1은 주제어를 정의하고 TGM2는 시각 자료의 종류를 정의한다. 예를 들어 TGM1은 "극장"을 정의하고 더 넓은 의미의 용어 "문화 시설"과 더 좁은 의미의 "영화관" 및 관련 용어 "뮤직홀"을 제시해 어떤 접근점이 가장 적절한지 결정할 수 있게 도와준다. TGM2는 형태(가령 "그라비어인쇄(photogravures)")에 의한 자료를 정의하는 데 언제 그 용어("그라비어(gravures)"나 "헬리오그라비어(heliogravures)" 혹은 "포토에칭" 대신에)가 사용되어야 하는지 알려준다. 더 넓은 의미의 용어("사진제판법 인쇄")와 연관어("로토 그라비어(rotogravures)")도 표시하고 있다. AAT와 TGM은 모두 온라인에서 이용 가능하다. 참고문헌에서 현 URL을 찾거나 "시소러스 전거 파일" 혹은 "전거 통제 어휘집"이라고 인터넷 검색을 하면 찾을 수 있다.

출판된 자료를 사용하면 적어도 두 가지 장점이 있다. 첫 번째는 이미 나와 있다는 것이다. 당신은 스스로 접근점을 생각해낼 필요가 없다. 그냥 책을 펼치거나 온라인에서 적절한 것을 찾으면 된다. 가장 좋은 출판된 자료는 넓은 의미의 용어, 좁은 의미의 용어 및 연관어를 알려주기 때문에 어떤 용어를 선택할지 결정하는 데 도움이 된다. 가장 정확한 용어(만약 당신이 200장의 극장사진을 가지고 있고 연구자들이 "뮤직홀"과 "영화관"을 구분해서 조사할 수 있게 범위를 제한해주고 싶다면)를 선택하는 데 도움을 줄 것이다. 혹은 일반적인 용어(만약 10장의 "극장" 사진을 가지고 있는데 연구자들이 이것을 다 찾기 위해서 5가지 다른 주제어를 검색하게 만들기 않기 위해서)를 선택하는 데도 유용하다.

두 번째 이유는 만약 다른 기관과 (컴퓨터나 아니면 수작업으로) 데이터를 공유하고 싶다면 표준화된 접근점은 서로 이야기할 때 사용할 수 있는 공통언어가 된다.

출판된 주제어를 사용하는 데에도 물론 단점은 있다. 첫 번째는 의회 도서관이나 시어스의 리스트를 포함해서 출간된 많은 주제어 리스트는 도서관과 책을 위해 만들어졌다는 점이다. 이것은 복잡한 아카이브즈에게는 문제가 된다. 그런 리스트의 주제어는 기록 자료의 내용을 기술하는 데 있어 비슷하지만 딱 들어맞지는 않는다.[5] 또 다른 단점은 많은 주제어 리스트가 전국에 걸친 큰 콜렉션을 염두에 두고 만들어졌다는 것이다. 의회도서관 주제어는 예를 들어 250,000개 이상의 이름과 주제를 포함하고 있다. 리스트는 주눅이 들 정도로 방대하거나, 용어가 너무 구체적이어서 지역 기록을 모은 작은 콜렉션에 적용할 수가 없다.

이런 단점에도 불구하고, 출판된 리스트의 장점은 크다. 작은 기록보존소에서 이 리스트들을 사용하는 데 있어 유의할 점은 리스트를 적용할 때에 (혹은 적용하지 않을 때에) 적절한 균형을 찾고 표준 절차를 따르는 것이다. 가능하다면 출판된 리스트에 있는 용어를 사용해라. 만약 너무 구체적이라면 더 넓은 의미의 용어(대부분 출판된 리스트는 이것도 포함하고 있다)를 찾아라. 필요하다면 당신만의 용어를 만들어내라. 그러나 가장 중요한 것은 당신이 용어를 쓸 때마다 ─출판된 리스트에서 나온 것이든 당신이 만들어낸 것이든─ 그 용어를 "전거 리스트(authority list")에 더해야 한다는 것이다.

전거 리스트는 단순하게 당신의 아카이브즈에서 사용하는 접근점 리스트이다. 그런 리스트를 만드는 것은 시간을 잡아먹는 일인 것 같지만 궁극적으로는 시간을 줄이는 방법이다. 전거 리스트의 목적은 일관되게 사용하는 용어의 형태를 만드는 데 있다(당신의 전거 리스트는 "제1차 세계대전"이 아니라 항상 "세계대전, 1914-1918"라고 쓸 것을 알려준다). 그래서 이용자가 당신이 어떤 용어를 사용하는지에 대해 알 수 있게 해야 한다(그래야 그들은 "제1차 세계대전"이라고 검색하지 않고 "세계대전, 1914-1918"로 검색해야 된다는 것을 안다). 그리고 콜렉션이 너무 커져서 접근점을 출간된 자료에서 사용되는 것으로 변환하고 싶을 때 당신의 일을 최소화시키기 위함이다. 전거 리스트의 중

---

5. 이것은 원래 도서관이 책을 인간의 지식에 기반하여 분류하기 때문이다. 반면에 아카이브즈는 인간의 활동에 기반하여 분류한다. 이를 구분하는 것은 미세하긴 하지만 도서관 주제어를 기록 자료에 적용하려 했을 때 명확해진다. 아키비스트는 종종 AAT에서 찾을 수 있는 기능 용어를 사용할 때 이 문제를 토로한다.

요성은 아무리 강조해도 지나치지 않다. 좋은 아카이브즈는 모두 전거 리스트를 가지고 있다. 물론 당신이 자동 기록관리시스템을 사용한다면 그 시스템이 당신이 사용하는 접근 용어를 파악해 추적해주기 때문에 전거 리스트는 자동으로 만들어진다.

당신은 각 콜렉션에 당신이 원하는 만큼 많은 접근점을 만들 수 있다. 최소한 각 콜렉션에는 생산자나 엮은이 혹은 기관에 대한 접근점은 있어야 한다. 이들이 그 콜렉션의 "저자"들이다. 그리고 이 카드들은 콜렉션을 출처로 연결시켜줄 것이다.

3. 검색 도구와 컴퓨터 시스템에 용어를 더해라

콜렉션에 대한 모든 접근점을 결정했다면 그것들을 검색도구에 더해라. 〈그림 11〉에서 보여지는 바와 같이 새로운 주제어를 시리즈 기술 양식의 "접근점" 항목에 더하고 각 용어를 리스트로 만들면 된다. 만약에 온라인상에 검색도구를 둔다면 이 용어들의 검색은 특정 검색도구를 찾아낼 것이다(온라인에서 이용 가능하게 만드는 것에 대한 더 많은 정보는 4장을 참조하라). 만약 기록보존소 내에서만 사용할 수 있는 내부 컴퓨터 시스템(in-house computer system)을 사용한다면 이 용어를 그 시스템에 더하면 된다.

만약 검색도구를 자동화하지 않았다면 카탈로그 카드를 만들어서 카탈로그 카드 서랍에 두면 된다. 그런 경우 각 카드에 콜렉션 번호나 시리즈 번호 같은 부가적인 정보를 포함시켜 사용자들이 실제 카탈로그 항목에서 검색 도구를 찾을 수 있게 해야 한다.

접근점을 더하게 되면 연구자를 위한 길이 명확해진다. 카탈로그에 있는 접근점을 검색함으로써 (온라인으로나 기록보존소 내부시스템에서나) 연구자는 검색도구를 찾을 수 있다. 검색도구는 콜렉션 생산자, 콜렉션 그 자체 그리고 그 속의 각 시리즈에 대해서 기술한다. 이것을 읽고 콜렉션이 자신의 연구와 관련된 정보를 가지고 있는지를 확인한 후에, 연구자는 컨테이너 목록을 사용해서 구체적인 상자, 묶음 혹은 관심 기록을 담고 있는 다른 컨테이너를 알아낸다. 그러면 당신은 같은 컨테이너 목록을 사용해서 선택된 컨테이너를 선반에서 찾아낼 수 있다. 그 과정이 〈그림 12〉에 설명되어 있다.

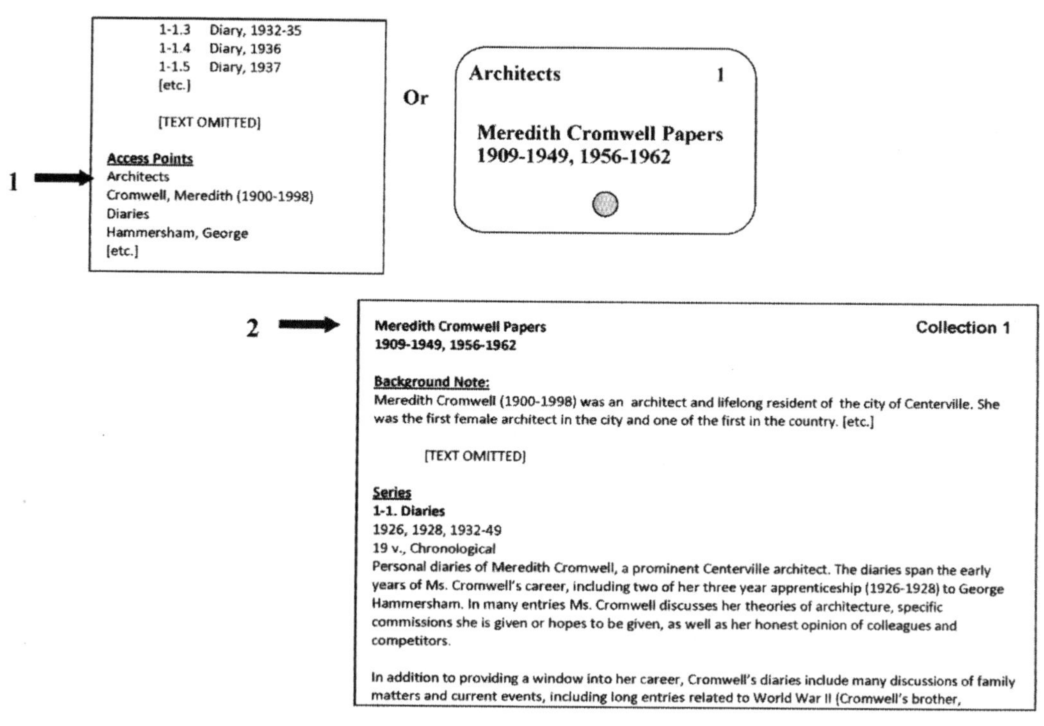

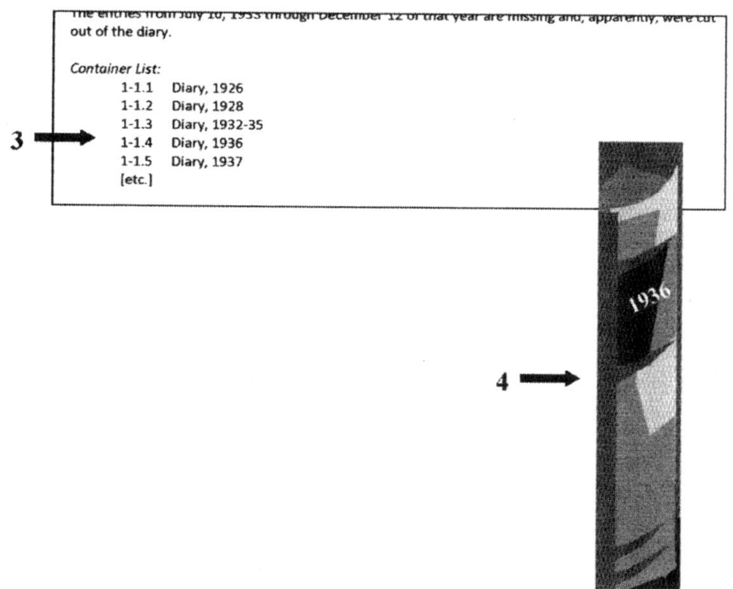

그림 12. 검색 과정 : (1) 접근점이 연구자를 (2) 검색도구로 이끈다. 시리즈 기술이 기록이 흥미롭다는 사실을 확인시켜준다. 컨테이너 목록(3)을 이용해서 연구자는 1-1.4를 관심 있는 특정 일기임을 식별해낸다. 같은 컨테이너 목록을 이용해 아카이브 직원(4)이 선반에서 1936년 일기를 찾아낸다.

이제 스텝 12까지 끝냈기 때문에 당신은 첫 번째 콜렉션의 정리와 기술을 마쳤다. 축하한다! 이 책의 나머지를 읽은 후에 스텝 1에서 12까지를 각각 콜렉션 별로 다시 적용해라. 정리와 기술 혹은 다른 기록학 주제에 관한 더 많은 정보를 원한다면 참고문헌에서 더 읽을거리를 찾아라.

4장
전자적 환경에서의 정리와 기술
(Arrangement and Description in an Electronic World)

4장 전자적 환경에서의 정리와 기술
(Arrangement and Description in an Electronic World)

현대사회에서 컴퓨터의 유비쿼터스적인 존재는 작은 아카이브즈에 기회와 도전을 동시에 부여했다. 컴퓨터는 기술을 생산하고 업데이트하기 더 쉽게 만들어주었다. 웹상에서 손쉬운 접근은 작은 기록보존소도 전 세계로 자신의 검색도구를 알릴 수 있게 되었다는 의미이다. 한편 작은 기록보존소는 전자기록을 포함한 기증 기록을 점차 만나게 될 것이고 그런 자료는 작은 기록보존소 혹은 더 큰 재정이 풍부한 기록보존소에게도 도전이다. 전자적 환경에서 정리와 기술은 적어도 두 가지를 의미한다. 하나는 전자기록을 정리 기술하는 것, 그리고 기술을 전자적으로 이용 가능하게 하는 것이다. 각각을 순서대로 살펴보자.

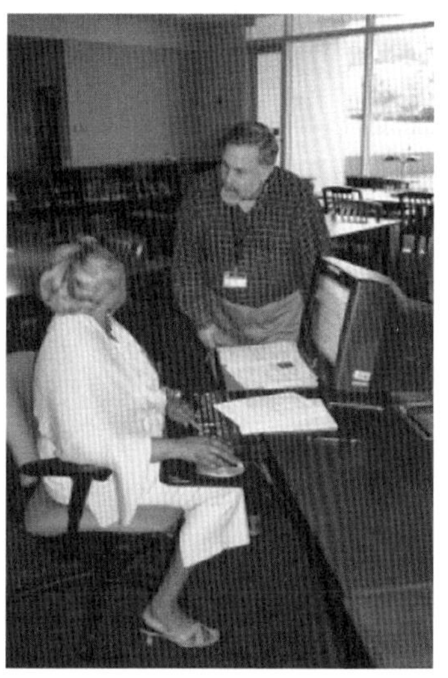

컴퓨터는 아카이브 작업의 모든 단계에서 사용된다. 인수단계부터 검색실에서까지 그리고 그를 넘어서도 사용된다. 조지아 아카이브즈 제공.

▌전자기록의 정리와 기술

만약에 당신이 전자기록을 포함한 인수를 아직 마주한 적이 없다면, 가까운 시일 안에 그렇게 될 것이다. 보통 그런 기록은 DVD나 CD 혹은 더 오래된 형태로 3.5인치 혹은 5.25인치 플로피 디스크 같은 매체에서 발견된다. 후자의 경우 가장 처음 부딪히는 도전과제가 디스크가 들어가는 장치를 찾을 수 있는 가이다. 5.25인치 드라이브를 가진 오래된 컴퓨터를 찾아낸다고 하더라도 두 번째 직면하는 문제는 컴퓨터가 그 디스크를 읽어낼 수 있는가이다. 데이터를 생산하기 위해서 사용된 소프트웨어가 이미 구식이 되어버렸을 지도 모르기 때문이다. 오래된 컴퓨터 매체 속 데이터에 접근할 때 부딪히는 도전은 이 책의 범위를 넘어서는 것이다(5장에서 전자 기록에 대한 몇 가지 팁이 있으니 참조하라). 그러나 만약 당신이 데이터를 읽어낼 소프트웨어와 하드웨어를 가지고 있다면(데이터가 꽤 최신 것이라면 별문제가 안 될 것이다) 당신의 정리와 기술 도전은 시작된다.

가장 먼저 떠오르는 첫 번째 질문은 전자기록이 단순히 원문이 보이지 않은 기록인가 아니면 독특한 정리와 기술을 필요로 하는 완전히 다른 기록인가?[1] 이것은 실제로 전자기록이 생산되기 오래 전부터 존재했던 질문이다. 가령, 전통적인 콜렉션에서 지도와 축음 기록은 단순히 사이즈나 구성이 독특한 처리를 요구했기 때문에 분리된 시리즈로 종종 분리시켰다. 워드 프로세서 문서 같은 보이지 않는 구조를 가진 기록이 분리된 시리즈로 여겨지는 것은 놀라울 일이 아니다. 지도, 사진 그리고 워드 프로세싱 문서를 물리적으로 분리할 이유는 충분하다. 이들의 물리적 형태가 특별한 보존 및 처리를 요구하기 때문이다. 그러나 우리가 살펴보았듯이 시리즈는 *지적*인 구조로, 구성요소의 *물리적* 형태에 의존하지 않는다. 우리는 3권의 책과 2릴로 된 마이크로필름을 포함한 하나의 시리즈가 이상한 것이 아니라는 것을 안다. 그러나 전자기록이 들어있다고 하면, 우리의 반응은 전자기록의 물리적 구조 때문에 분리된 시리즈로 다루어질 필요가 있다고 가정한다. 그러나 그렇지 않다.

하나의 기록 시리즈에 ―가령 토지 이용 연구에서― 종이 기록뿐만 아니라 지도, 계획, 사진이 들어 있을 수 있는 것처럼 하나의 시리즈 안에 종이기록과 전자기록 모두 들어있을 수 있다. 다른 물리적 취급이 필요하다는 점 때문에 이 기록들이 하나의 시리즈로서 지적 연관성을 가진다는 사실에 눈 감아서는 안 된다. 만약에 당신의 아카이브즈에서 어떤 저자의 기록을 인수한다면, 종이와 전자 형태로 된 초고를 받는 것은 무리가 아니다. 전자 기록의 복사본을 종이 복사본과는 지적으로 다른 것처럼 취급해 버리면 초고를 잘못 분리시켜버리게 될 수 있다.

전자기록으로의 첫 번째 접근은 스텝 5에서 배운 것과 똑같은 접근 방식이다. *형식에 관계없이* 기록 안에서 시리즈를 발견해 내는 것이다. 이 전자기록이 그들만 같은 기능에 관련되었기 때문에 정말로 분리된 기록인가 아니면 종이 기록을 포함하는 더 큰 시리즈의 일부분인가? 만약 전자기록이 분리된

---

1. 물론 이 질문에 선행하는 질문은 당신의 기록보존소가 이 기록을 받아들이기 원하는가이다. 5장에서 평가(Appraisal) 논의를 참조하라.

시리즈라면, 분리된 시리즈로서 기술되어야 한다. 만약에 전자기록이 한 시리즈의 부분을 구성한다면 그 시리즈 기술에 포함되어야 하고 그 시리즈 내의 다른 형태의 기록과 연결되어야 한다. 이를 어떻게 하는지에 대해서는 나중에 논의하자. 당신이 먼저 결정해야 할 다른 것들이 있다.

당신이 전자기록을 콜렉션 속에 어떻게 넣을 것인지에 대해서 지적 결정(분리된 시리즈로 혹은 다른 시리즈의 일부분으로)을 하고 나면, 더 진행하기 전에 몇몇 물리적 결정을 내려야 할 것이다. 주요한 것으로, 당신이 전자 데이터를 보존할 수 있는지 그리고 전자기록을 전자적으로 보존할 것인지 혹은 종이에 정보를 재생산해서 그 종이를 대신 보존할 것인가이다.[2]

전자 기록을 보존하는 것은 시간과 노력과 돈이 든다. 한 번이 아니라 끊임없이 든다. 전자 기록은 오래된 매체가 못쓰게 됨에 따라 새로운 매체에 복사되어야 한다. 기록은 소프트웨어의 최신 버전으로 마이그레이션 되어야 한다(아니면 다른 방식으로 보존되어야 한다). 그렇지 않으면 소프트웨어가 구식이 되면서 읽을 낼 수가 없기 때문이다. 그런 수행을 할 자원이 없다면, 기록은 그런 자원이 있는 기록보존소로 가는 것이 낫다. 만약에 어떤 이유로 기록을 보유해야 하지만 전자적으로 보유할 자원이 없을 때에는 종이로 프린트해서 보존하는 것이 적어도 그 기록의 내용의 일부를 —아마도 전부를— 좀 더 보존하기 쉬운 방법으로 저장하는 방법일 것이다.

전자 기록을 보존할 자원을 가진 기록보존소라 할지라도, 전자 정보를 종이에 프린트 해두는 방식은 때때로 꽤 이해가 된다. 기록보존소는 종이 기록을 보존하기 위해 세워졌고, 자원의 대부분은 종이 보존과 인수에 맞춰져 있으며, 기록 관리 프로세스에 대한 대부분의 경험은 아마도 종이와 관련되어 있다. 종이가 항상 전자기록의 적절한 대체품이 될 수 있는 것은 아니다. 그러므로 전자기록을 프린트한다고 해서 기록 정보를 보존할 수 있을 것이라 단정짓지 마라. 대신에 3가지 잠재적인 리스크에 기반을 두고 결정해라. 만약 다음 3가지 질문에 대한 대답이 모두 "아니오"라면 전자기록을 가치 있게 만드는 중요한 기능성의 손실 없이 종이에 정보를 보존할 수 있을 지도 모른다.

만약 당신이 이 전자기록을 종이에 프린트해서 보존한다면 :

---

2. 물론 둘 다 해도 좋다.

1. *기록의 중요한 맥락을 잃어버리는 위험이 있는가? 그리고 그것이 중요한 문제인가?* 전자 데이터를 프린트하는 것은 일반적으로 데이터 그 자체에는 큰 위험을 부과하지는 않는다. 예를 들어 이메일을 프린트하면 비교적 보존하기 쉬운 매체(종이)에 눈으로 읽을 수 있는 형태로 메시지 내용을 보존할 수 있다. 사실 이메일을 종이에 프린트하는 것은 종종 적절한 보존방법이다. 그러나 이메일은 본문보다 더 많은 것으로 구성되어 있다. 따라서 프린트 하는 것은 메시지와 연관된 중요한 요소를 잃어버리게 할 수도 있다. 메시지의 헤더 부분을(누가 보냈나? 누구에게 보냈나? 누가 참조자인가? 누가 숨은 참조자인가? 언제 메시지를 보냈나?) 프린트하는 것은 충분히 ─그리고 매우 중요하다─ 쉬운 일이다. 그러나 메시지를 만드는 데 사용한 시스템에서 떼어내도 이 모든 데이터는 이해가 되는 것일까? 많은 이메일 시스템은 가령, 주소록과 통합되어 있어서 주소를 클릭 한 번 하거나 커서(cursor)를 그 위에 두는 것만으로도 애매한 이메일 주소(WeatherNut84@dotmail.com)와 사람 이름("스티브 스미스(Steve Smith)")을 연관시킬 수 있다. 그런 연관성은 프린트한 복사본에서는 사라지게 된다. 그리고 연구자는 왜 시장이 이 특정 메일을 날씨에 미친 사람(weathernut)에게 보냈는지 알아내기 위해 머리를 쥐어뜯을 지도 모른다. 수신자의 원래 이름이 스티브 스미스, 교통국 국장이라는 사실을 모른 채 말이다. 이메일 시스템은 이메일로 논의한 바의 스레드(thread)를 재구성하는 중요한 데이터를 또한 보존한다(가령 링크 클릭으로 어떤 시스템은 모든 메시지를 한 번에 볼 수 있게 한다. 비록 메시지 제목은 논의 도중에 바뀌었을지라도 말이다). 그리고 시스템 그 자체는 아마도 첨부자료와의 링크를 보존할 것이다. 프린트로도 할 수 있지만 그렇게 하겠다고 의도적으로 결심했을 때만이다. 당신이 전자기록을 프린트해서 보존하겠다고 결심하기 전에, 그 과정 중에서 데이터가 손실되는지 그리고 그 손실로 인해 기록의 이용가치가 떨어지게 되는지 혹은 기록을 이용할 수 없게 만드는지 생각해라. 위험은 보통 낮지만 분석 없이 그렇게 가정하지 마라.

2. *데이터의 외형을 잃어버리는 위험을 감수할 것인가? 그리고 그것이 중요한 문제인가?* 가공되지 않은 원 데이터(raw data)와 기록 사이의 주된 차이는 기록은 구조가 있는 데이터라는 것이다. 즉, 기록은 의미를 부여하는 어떤 방식으로 정리된 데이터이다. 여기서도 문서를 프린트하는 것은 외형상으로는 큰 위험을 부과하는 것처럼 보이지는 않는다. 그러나 예외가 있다. 어떤 전자 시스템은 데이터베이스로 데이터를 저장하고, 사용자에게 보여줄 때는 템플릿을 사용한

다. 그래서 예를 들면, 결혼에 관한 데이터(신부 이름, 신랑 이름 등)를 수집하는 데 데이터베이스가 사용되었다고 하자. 사용자가 어떤 특정 결혼에 대한 정보를 찾을 때, 결과 데이터는 데이터를 논리적으로 조직하고 각 요소("신부", "신랑")가 표시되어있는 템플릿에서 보여진다. 그래서 사용자는 그것을 이해할 수 있게 된다. 만약에 당신이 데이터만 받아서 프린트 해두면 데이터 외형(템플릿)이라는 중요한 요소를 빠트린 게 된다. 그래서 결과는 전자시스템에서 보다 훨씬 덜 유용할 것이다. 혹은 다른 예로 당신이 전자 버전으로 된 지도를 가지고 있다고 하자. 만약에 프린트를 한다면 가로 30인치에 세로 20피트(76.2×609.6cm)로 된 종이가 필요한데 그러면 어떻게 할 것인가? 그렇게 프린트하는 것 대신 만약 당신이 11×14인치(27.9×35.6cm) 종이에 프린트하기로 선택했다면, 그 과정에서 데이터 외형은 잃어버리게 된다는 것을 알 것이다. 규모뿐만 아니라 지도의 세세한 내용까지 그렇게 줄이면 읽을 수 없게 될 것이다. 그러므로 데이터를 프린트하는 것이 외형의 손실을 초래할 것인가 그리고 그 손실이 기록의 사용에 있어서 해가 되거나 치명적인가라는 질문을 꼭 던지는 것이 중요하다.

3. *데이터의 기능 손실 위험을 감수할 수 있는가? 그리고 그것이 중요한 문제인가?* 마지막으로 컴퓨터의 힘은 ―종이에 전자기록을 보존하려는 어떤 시도 중에 가장 큰 위험은― 전자 시스템 내에서 만들어지는 기능과 관계가 있다. 가장 간단한 예가 스프레드시트의 힘이다. 스프레드시트 속의 데이터는 엄청난 방법으로 가공될 수 있다. 두 가지만 말하자면, 하나는 여러 가지 기준에서 빨리 정렬이 가능하다(당신은 가령 알파벳 순이나 숫자 순으로 한 줄로 정렬할 수 있다). 스프레드시트 셀에 공식을 적용하여 하나 혹은 더 많은 셀의 데이터가 다른 셀에 입력된 데이터에 따라 자동적으로 재계산될 수 있다. 모든 데이터를 역동적인 스프레드시트에서 가공할 수 있는 이 능력은 고정된 종이 프린트물에서는 사라진다. 이와 같은 일이 페이지를 연결하는 하이퍼링크를 사용하는 웹사이트에서도 일어난다. 프린트물이 웹사이트의 내용을 보존해줄지 몰라도, 하이퍼링크의 기능은 사라질 것이다(당신은 연결되어 있는 URLs을 방문하기 위해 링크를 더 이상 클릭할 수가 없다). 그리고 하이퍼링크에 의해 표현되는 *관계*도 마찬가지로 사라진다(만약 하이퍼링크가 목표 URL을 설명하지 못한다면 ―가령 만약 *http://www.GeorgiaArchives.org* 대신에 *"Georgia Archives"*라고 말한다면― 관계는 잃어버리게 된다. 왜냐하면 프린트는 어떤 웹사이트로 링크가 방문하려 했는지를 말해주지 않기 때문이다). 이것은 스프레드시트와 웹 페

이지의 데이터가 종이로는 절대 보존될 수 없다는 말은 아니다(종종 사실 아키비스트는 선택의 여지가 없다). 그러나 전자시스템이 보여주는 관계의 손실이 기록 사용에 해가 되거나 치명적인가에 대한 조심스런 분석이 그런 단계보다 선행되어야 한다.

이 세 가지 위험은 전자기록을 종이기록으로 바꿀 때뿐만 아니라 한 전자 포맷에서 다른 전자 포맷으로 변환할 때도 적용될 수 있다. 만약에 당신이 엑셀 스프레드시트(Excel spreadsheet)를 어도비 PDF(Adobe PDF) 문서로 변환한다고 하자. 이것은 한 전자 포맷에서 다른 포맷으로 바꾸는 것이지만, 변환하게 되면 스프레드시트의 기능은 사라지고 데이터를 가공할 수 있는 능력도 잃어버린다. 마이크로소프트 워드(Microsoft Word) 문서를 아스키(ASCII) 텍스트 파일로 변환하면 데이터는 보존할 수 있을지 몰라도, 외형과 워드 문서의 레이아웃, 그리고 아마도 그 의미도 사라진다. 모든 변환은 ―종이로든 혹은 다른 전자 포맷으로든― 위험을 동반한다. 그리고 그 단계를 거치기 전에 신중히 위험을 고려해야 한다. 움직이기 전에 분석하라고 말하는 것은 움직이지 말고 마비되어있으라는 말이 아니다. 만약에 전자기록을 프린트해서 보존하는 것이 합리적이라면 그렇게 해라. 신중하게 결정해라. 그리고 어쨌든 결정을 내리면 실행해라.

만약에 기록을 전자 버전으로 보유하기로 결정했다면 또 다른 물리적 결정을 내려야 한다 : 연구자가 전자기록에 접근할 수 있게 할 것인가(혹은 접근할 수 있는 장비를 가지고 있는가)? 우리가 이미 살펴보았듯이 스프레드 시트의 힘은 종이로 프린트되면 사라진다. 그래서 연구자들은 만약에 기록보존소가 전자 버전으로 기록을 보존하고 있다면 종이 프린트로 기록을 이용하는 것에 만족하지 못할 것이다. 가능하다면, 전자기록은 전자버전으로 연구자가 이용할 수 있게 해라.

연구자들은 항상 전자 기록이나 데이터의 *복사본(copies)*으로 작업해야 한다. 원 정보에는 어떤 변화도 일어나서는 안 된다. 가능하다면, 연구자에 의해서 변경될 수 없는 복사본을 만들어라. 워드 프로세싱 문서 복사본은 가령, 어도비 PDF로 변환될 수있고 비밀번호를 설정해둘 수 있다. 이 변환은 데이터, 외형, 그리고 관계를 보존한다(그래서 위험이 거의 없다). 그리고 비밀번호는 연구자들이 문서를 의도적으로나 실수로 변경할 수 없도록 막아준다. 스프레드시트를 PDF로 변환하는 것은 좋은 선택이 아니다. 데이터를 보호하기 위한 목적이라도 말이다. 우리가 보았듯이 그런 변환은 스프레드시트 내의 관계를 깨 버린다. 대신에 스프레드시트 복사본을 가지고 연구자가 작업할 수 있게 해라.

마지막으로 만약 당신이 전자 데이터를 보유하기로 결정했다면, 기록과 관련된 도큐멘테이션이 있을지도 모른다는 것을 명심해라. 이 도큐멘테이션은 전자 기록에 접근하거나 기록을 이해하는 데 필수적일 수 있다. 특히 오래된 컴퓨터 시스템이나 데이터베이스의 경우에는 필수적이다. 그 도큐멘테이션은 아주 간단한 정보("이 워드 프로세싱 파일은 윈도 워드95(Word 95 for Windows)를 사용한 것임")에서 어떻게 데이터베이스가 만들어졌고 무엇을 의미하는지에 대한 포괄적인 기술까지 다룬다. 영국 국가기록원(The National Archives)은 예를 들어 제2차 세계대전 당시 미국인 포로의 데이터베이스를 가지고 있다. 이를 처음 보면 거의 이해 불가능하게 보인다.

```
O&809492ABERNATHY MILTON B    2LT   G1AC 2006024134K150303067608065181032
14165828ABERNATHY PAUL W      SGT   51AC201908314620089124172019065181025
14151619ABERNATHY W H JR      SSG   41AC2022024145K150381067226055181091
34890135ABERNATHY WALTER T    PFC   71NF10101041467400007067601065181013
```

그러나 미국 국가기록원(NARA)은 이 데이터베이스가 어떻게 만들어졌고 무슨 의미인지에 관한 깊이 있는 도큐멘테이션을 발간했다. 그 도큐멘테이션으로부터 우리는 데이터베이스가 실제로는 일련의 코드이며 도큐멘테이션이 이 코드의 열쇠를 포함하고 있다는 것을 알 수 있다. 그래서 이 열쇠를 사용함으로써 첫 번째 줄의 첫 번째 두 글자("O&")가 그 사람이 군인장교라는 것을 가리킨다는 것을 알 수 있다. 54와 55번째 글자는 군사의 고향을 가리킨다(첫 번째 줄에서는 "3"과 "4"인데 콜럼비아 지역(District of Columbia)을 의미한다). 작은 기록보존소에서 이런 복잡한 데이터베이스를 만나는 일은 좀처럼 없겠지만, 그러나 만약에 그렇게 된다면 이 예가 보여주듯이 데이터베이스에 관한 도큐멘테이션을 찾아서 보존하는 것이 필수이다.

지적, 물리적 결정을 하고 나면 기술은 그 결정을 따라야 한다. 만약 기록을 프린트해서 종이로 보관하기로 정했다면 그 종이는 콜렉션의 일부가 된다. 시리즈 기술 양식에 이 기록은 전자기록 형태로 기록관에 들어왔으며 출력해서 보관하기로 결정했다는 것을 적어야 한다. 전자기록을 보유하고 이용할 수 있게 하기로 결정을 했다면 이 기록에 대한 특별 기술을 작성할 필요가 있다. 이 특별 기술은 이제까지 적어오던 기술을 약간 확장하면 된다.

전자기록 기술은 보통 확장된 시리즈 기술의 형태—전자기록의 독특성에 대한 정보를 포함하는 것—이거나 혹은 좀 더 복잡한 전자기록의 경우에는 이용자 가이드 형태를 띤다. 차례로 하나씩 살펴보자.

확장된 시리즈 기술(Extended Series Description)

전자기록이 하나의 시리즈로 구성되어 있거나 종이 기록이 포함된 큰 시리즈의 한 부분이라면 범위와 내용 부분과 컨테이너 목록에서 다른 기록을 기술하듯이 그 사실에 대해 기술하면 된다. 그렇지만 연구자가 전자기록의 크기에 대해 알 수 있도록 하는 정보를 추가할 필요가 있다.

만약 전체 시리즈가 전자기록이라면, 시리즈 기술 양식에 적절해 보이는 항목마다 어떤 정보를 더하면 된다(그림 13, 예시 10 참조). 아래의 정보는 연구자들을 돕고, 당신이 이 기록을 미래에 마이그레이션하는 데 도움이 되는 추가 정보다.

- *포맷(Format)* : 전자기록이 저장되어 있는 파일 포맷. 가령 아스키(ASCII), 마이크로소프트 워드 2007(Microsoft Word) 혹은 티프(TIFF) 등이 그 예시이다. 만약 시리즈가 하나 이상의 포맷으로 구성되어있다면 컨테이너 목록에 각 유닛별 특정 포맷에 대해 설명을 해두어야 한다(아래 컨테이너 목록의 추가 정보에 관한 항목을 보아라).
- *사이즈(Size)* : 바이트(byte) 혹은 기가바이트(GB)같은 다른 측정 표준으로 전체 시리즈 사이즈를 표시. 시리즈 기술 양식 수량 항목에 "수량 : 37장의 지도(144GB)".

시리즈 번호 :　16-1

시리즈 기술 양식

시리즈 제목 :　브룩필드 공원 계획 기록

시리즈 날짜 :　2007-2009

양/크기 :　1CD(4개 파일, 1871개 이미지, 61MB)

포맷 :　PDF, JPEG

다른 포맷　프린트된 복사본 이용 가능

범위와 내용 주기:
　(예에서 생략)

파일 목록 :	폴더 명	포함내용
16-1.1	계획	사전계획조사, 2007(1PDF, 63KB)
16-1.2	서신	서신, 2007-2009(232PDF, 2MB)
16-1.3	홍보	홍보파일, 2007-2009(80PDF, 1MB)
16-1.4	이미지	사진과 드로잉, 2007-2009 (JPEG, 58MB)

그림 13. 전자기록을 위한 시리즈 기술 양식

- *기록 카운트(Record count)* : 만약에 이 시리즈가 데이터베이스나 스프레드시트같은 데이터 파일이라면 포함되어 있는 기록의 수를 써야 한다. "사진 색인 시리즈는 엑셀 2003 스프레드시트이고 23,815개의 기록이 들어있다"

- *다른 포맷으로 이용 가능성(Availability in other format(s))*: 만약 전자기록이 다른 포맷(프린트 혹은 마이크로필름 등)으로 존재한다면 기술에서 이를 꼭 표시해야 한다. 예를 들면, 정리(Arrangement) 항목 아래에 "다른 포맷으로 이용 가능성 : 사진 색인 프린트물, 제목은 알파벳 순서로 되어 있으며 참고 데스크에서 이용 가능함"이라는 설명을 단지 추가하면 된다. 많은 연구자들이 전자 색인을 찾고 싶어하지만 사진의 제목을 이미 알고 있는 사람은 출력본이 있다는 것을 알게 된다면 기뻐할 것이다.

- *시스템 정보(System Information)* : 만약에 전자 기록의 시리즈가 복잡하다면(이것은 작은 기록보존소에서는 일반적이지 않을지도 모른다), 데이터를 읽기 위해 요구되는 소프트웨어, 기록이 만들어진 프로그래밍 언어, 그리고 기록을 읽어내기 위한 소프트웨어나 하드웨어에 관한 다른 세부사항에 대한 기술을 제공해야 한다. "묘지 데이터베이스는 디베이스 3(dBase Ⅲ)를 사용해 자원봉사자가 만들었음. 비록 데이터베이스가 출력되어 있지만(출력본은 참고 데스크에서 이용 가능함) 검색 기능을 보존하기 위해 원 데이터베이스도 보유하고 있다. 윈도2.1(Window 2.1)로 운영되는 1대의 컴퓨터가 이 데이터베이스를 읽어낼 수 있으며 더 이상 기능을 못할 때까지 보유할 예정이다."

- *파일 리스트(File list)* : 컨테이너 목록의 전자적 형태라고 볼 수 있는 것이 파일 리스트인데 시리즈에 있는 파일명을 모두 담은 리스트이다. 만약에 파일명이 8글자로 제한되었던 시기에 생산된 파일명이라면, 이 리스트는 특히 중요하다. 가령, 연구자에게 다음 사실을 기술해서 알려줘야 한다. "이 텍스트 문서는 원래 워드퍼펙트 4.2(WordPerfect 4.2)에서 생산되었으며 아카이브즈에서 워드퍼펙트 X5로 변환되었다. 아카이브즈는 연구 목적을 위해 PDF로 복사본을 만들어두었다. 파일에는 공공사업부(Public Work Department)에서 생산한 시청 건설에 관련된 모든 보고서가 들어있다. 원본 파일명을 보유하고 있지만 a.pdf 확장(a.pdf extension) 파일 형태이다. 그러므로 원래 리포트 제목 'reprt_01.wpd'는 'reprt_01.pdf'로 이용 가능하다" 파일 리스트 자체는 다음처럼 보여질 것이다.

파일명 (File Name)	최근 수정일 (Date Last Modified)	사이즈 (Size(bytes))	기술 (Description)
reprt_01.pdf	08/10/1988	786	건설 전 부지 조사 보고서
status11.pdf	11/01/1988	1,002	시장에게 건설현황 보고
log_jan.pdf	01/12/1989	922	건설 부지 방문자 목록

왼쪽에서부터 세 열의 정보(파일명, 최근 수정일, 사이즈)는 파일이 저장되어 있는 컴퓨터의 디렉토리에서부터 직접 가지고 온 것이라는 사실에 주목해라. 가장 오른쪽 열(기술)은 8글자로 제한된 원 파일명에 대해 이해할 수 있도록 아카이브즈에서 제공하는 것이다. 컨테이너 목록이 문서 날짜(최근 수정일) 순으로, 건설 파일을 논리적으로 정리했다는 것에 또한 주목해라. 물론 다른 논리적 순서로 리스트를 정리할 수도 있다.

만약에 당신이 큰 시리즈의 한 부분인 전자기록을 기술하고 있다면 컨테이너 목록의 독립된 항목에 이에 대한 정보를 적어줄 필요가 있을 것이다. 당연히 정보는 간단할 것이다. 아래의 정보가 아마 더해질 것이다.

- *포맷(Format)* : 가령, 아스키(ASCII)나 티프(TIFF)
- *사이즈(Size)* : 바이트(bytes)나 다른 측정 표준
- *매체(Medium)* : 가령, CD-Rom

그러므로 예를 들어 종이기록과 전자기록이 섞여있는 컨테이너 목록(도시 공원 개발과 관련된 시리즈)은 아마 다음과 같이 보일 것이다.

6-1.1 공원 개발 관련 서신, 2000-2007

6-1.2 타당성 조사, 2003(1 CD-ROM)

6-1.3 건설 사진, 2004-2006(약 600장, TIFF, 외장하드 8GB)

6-1.4 공원 준공 지도, 2007

이 예시에서 처음과 마지막 유닛(6-1.1과 6-1.4)은 종이다. 두번째 유닛(6-1.2)는 CD-ROM이고 세번째 유닛은 8기가 바이트로 되어있는 사진으로 티프

(TIFF) 파일 포맷이고 외장하드에 저장되어 있다.

이렇게 하는 것이 "올바른" 방법이라고 딱 정해진 것은 없다. 단지 연구자들이 자료의 규모와 포맷을 짐작할 수 있게 도와주는 충분한 정보를 제공할 뿐이다. 이 예에서 전자기록에 익숙한 연구자들은 타당성 조사가 꽤 규모가 있구나라고 가정할 것이다("타당성 조사"라는 제목은 하나의 워드 프로세싱 문서부터 차트와 지도가 들어있는 심화 연구에 이르는 어떤 것을 의미할 수 있다. 타당성 조사가 CD-ROM에 저장되어 있다는 말은 이것의 용량이 크고 아마도 심화 도큐멘테이션이 들어있을 것이라는 것을 암시한다). 같은 연구자는 티프(TIFF) 이미지가 크고 고해상도의 고품질 이미지인 경향이 있고 600장이 8기가바이트를 차지한다는 점에서 각 이미지가 적어도 10MB 이상(의미: 이미지가 크다. 즉 고해상도, 고품질)이겠다는 것을 아마도 알 것이다. 물론 이것이 모두 사실이 아닐 수 있다. CD는 한 장의 문서와 5장의 극도로 큰 이미지와 595개의 작은 이미지로 구성되어 있을 수도 있다. 그러나 여기서 중요한 것은 연구자가 실제 기록을 보기 전에 그 정보에 대해서 가늠할 수 있게 돕는 것이다. 그리고 시리즈 내의 모든 건에 대한 긴 설명을 쓰지 않고도 그렇게 할 수 있게 하는 것이다.

사용자 가이드(User Guide)

만약에 당신이 기술하고 있는 전자기록이 매우 복잡하다면 97쪽의 제2차 세계대전동안 미국인 포로에 관한 데이터 파일 예시에서처럼 기록에 대한 더 많은 정보와 이용 방법을 설명하는 사용자 가이드를 만들 필요가 아마 있을 것이다. 가이드는 시리즈 기술양식과 같은 정보를 포함하겠지만 아마도 더 자세하고 포괄적일 것이다. 기록 생산자와 내용에 대한 자세한 기술에 덧붙여 다음을 설명해야 한다.

- *기록 샘플(Record samples)* : 기록이 어떤 형태로 보이는지 출력물과 그 의미에 대한 설명. 만약 데이터가 어떤 특정 방식으로 코딩이 되어있는 경우라면 특히 필요하다.
- *코드 테이블(Code tables)* : 데이터를 이해하기 위해 필요한 코드

- *접근방법 설명 (Access instruction)* : 데이터에 접근하거나 다운로드하는 법
- *도큐멘테이션(Documentation)* : 생산자의 연관 시스템 도큐멘테이션 복사본
- *변환 기록(History of conversion)* : 어떻게 아카이브즈가 한 포맷에서 다른 포맷으로 혹은 한 저장매체에서 다른 매체로 기록을 변환했는지에 대한 설명과 어떻게 아카이브즈가 변환동안 정보가 변형되는 것을 방지했는지에 대한 자세한 설명

다시 한 번 말하지만, 사용자 가이드를 만드는 데 단 하나의 올바른 방법만 있는 것은 아니다. 그러나 중요한 것은 더 복잡한 데이터일수록 더 자세하고 심도 있는 설명이 있어야 정보가 연구자들에게 유용하게 될 수 있다는 것이다.

■ 기술을 전자적으로 이용 가능하게 하기

종이기록이나 전자기록을 정리 기술하는 중이라면 당신은 기술을 전자적으로 이용 가능하게 하고 싶을 것이다. 관내에서만 이용 가능하게 하는 방법(in-house, 1대 또는 여러 대의 컴퓨터로 직원과 방문객이 접근 가능하게 하는 방법)을 사용할지 외부에서도 (어디서나 인터넷을 통해 정보에 접근) 이용 가능하게 할지 결정해야 한다. 이것은 물론 상호배타적인 것은 아니다. 콜렉션의 일부는 웹에서 이용 가능하게 하고 전체 콜렉션은 기록관리 소프트웨어를 통해 관내에서만 이용 가능하게 할 수 있다. 차례로 이 2가지 방법에 대해서 살펴보자.

▌관내에서만 기술을 이용 가능하게 하는 방법

콜렉션의 데이터를 검색하고 유지할 수 있게 해주는 많은 기록 관리 소프트웨어 패키지가 시장에 나와 있다. 가령, CLIR(Council on Library and Information Resources)[3] 의 2009년 리포트에서, 기록관리시스템 카테고리 단독으로만 Archivist' Toolkit, Archon, Cuadra STAR/Archives, Archives-Access to Memory, Eloquent Archive, Collective

---

3. Lisa Spiro, *Archival Management Software : A Report for the Council on Library and Information Resources*, Washington, D.C. "Council on Library and Information Resources, 2009. 더 많은 기준 선택에 관한 논의는 다음을 참조하라. http://www.clir.org/pubs/reports/spiro/spiro_Jan14.pdf

Access, CALM, MINISIS M2A, Adlib Archives, Past Perfect 같은 시스템이 포함되어 있었다. 당신이 이 책을 읽을 때쯤이면 그 리스트는 더 많아질 수도 적을 수도 있다(그러니 "아카이브즈 소프트웨어"라고 웹에서 검색하면 현재 사용되는 시스템을 찾을 수 있다). 이 책은 특정 소프트웨어를 추천하지는 않는다. 그렇지만 어떤 아카이브즈라도 기록 시스템을 선택할 때 고려해야하는 기준은 있다. 다음에 가장 중요한 몇 가지가 있다.

- *비용과 제품 서포트(Cost and Product Support)* : 어떤 기록관리 소프트웨어 제품은 무료인 반면 어떤 제품은 작은 아카이브즈의 예산을 넘어선다. 그렇지만 "무료" 제품은 시간이 지나면 비싸질 수 있다는 것을 명심해라. 무료 제품은 오픈 소스인 경우가 많다(그 말인즉슨, 소프트웨어 소스 코드가 무료이고 대중들에게 열려있어서 누구든지 그것을 읽을 수 있고 사용할 수 있고 변경할 수 있다는 말이다). 그렇지만 그런 제품은 종종 설치하고 유지하는 데 있어 수준 높은 전문가가 필요할 수도 있다. 만약 문제가 생겼을 때 도움을 받는 유일한 방법이, 많은 경우에, 같은 소프트웨어를 사용하는 다른 사람의 자발적 도움에 기대는 수밖에 없는 경우도 있다. 대부분의 오픈 소스 소프트웨어 프로그램을 사용하는 사람들 중에는 파워 유저(power user)면서 기꺼이 다른 사용자를 도와주는 핵심 자원봉사자들이 있다. 그러나 당신은 아마도 전화를 걸면 정기적으로 도움을 주는 확실함을 더 선호할지도 모른다. 보통 그런 도움은 상업적인 소프트웨어 판매회사에서 가능하다.

  비용을 고려했을 때 "무(無)에서 시작해서 완전히 새로운 기록프로그램을 개발해주겠다"고 제안하는 사람을 의심해봐야 한다. 그런 사람은 좋은 의미로 그럴 수도 있고 그런 제안이 비용 절감이 되는 대체품처럼 보이지만 그런 식의 접근은 안정적이고 널리 사용되는 기록 소프트웨어 패키지 개발에 들어간 수많은 시간과 수백만 달러를 무시하는 것이다. 좋은 소프트웨어는 표준을 바탕으로 *커뮤니티로서* 활동하고 있는 기록 커뮤니티가 개발하거나 채택한 요소를 포함하고 있다. 개인이 혼자서 개발한 기록 시스템은 즉각적인 목적에는 부합할지 모르지만 시간이 지나면서 당신의 필요를 만족시키지 못할 것이다.

- *웹베이스 대 데스크톱(Web-based versus desktop)* : 만약 당신이 이베이(eBay)나 아마존(Amazon.com)의 계정에 로그인 한다면, 당신은 다른 사람의 서버에 들어있는 데이터에 접근한 것이다. 당신이 찾아본 경매 물건에

관한 정보나 위시 리스트(Wish List)에 넣어둔 책은 이베이나 아마존이 소유하고 있는 서버에 들어있다. 한편, 만약에 마이크로소프트 워드 같은 워드 프로세싱 소프트웨어를 사용한다면 아마도 당신은 당신의 PC에 직접 업로드시키고 그 PC나 내부(in-house) 서버에 데이터를 저장하는 것이다. 이것이 웹 베이스 소프트웨어와 데스크톱 소프트웨어 사이의 기본적인 차이다.

데스크톱 시스템은 1대나 그 이상의 컴퓨터에 소프트웨어를 설치하고 데이터를 당신 PC나 내부 서버에 저장하지만, 웹베이스 시스템은 보통 다른 사람의 서버에 (보통은 판매회사의 서버에. 비록 데이터는 당신의 서버에 저장될 수 있을지라도) 들어있다. 그리고 인터넷을 통해 당신의 데스크톱에서 웹베이스 시스템으로 접근할 수 있다. 당신이 인터넷으로 시스템에 접근하기 때문에 대중들도 인터넷을 통해 접근할 것이라고 생각하지 마라 (당신이 최근에 아마존에서 구매한 것에 사람들이 접근하지 못하는 것처럼 말이다). 당신의 웹 베이스 시스템은 비밀번호로 보호되고 아카이브 직원처럼 접근 허락을 받은 사용자만이 이용 가능하다. 그러나 데이터가 다른 사람의 서버에 있다는 사실은 시스템 판매회사에 의존하게 만든다. 만약 (가령 정전으로) 회사의 웹 서버가 멈추거나, 혹은 그 회사가 부도나게 된다면, 당신은 데이터로 접근하거나 데이터를 복구하는 데 어려움을 겪게 될 수 있다. 명성이 있는 시스템 판매회사는 이런 문제에 대해서 끊임없는 데이터 백업과 서비스에 문제가 생기는 경우에 구체적인 배상(recourse) 권리, 그리고 사업이 부도났을 때 당신의 데이터를 보호하고 반환하는 적절한 방법 같은 것을 보장한다는 것을 계약서에 명시할 것이다.

데스크톱 시스템은 데이터에 대해 더 높은 안전성을 제공할지도 모른다. 왜냐하면 모든 것이 내부에 남아있고 어떤 정보도 인터넷을 통해 돌아다니지 않기 때문이다. 웹베이스 시스템은 그러나 (비밀번호를 사용하면) 웹에 연결되어 있는 어느 컴퓨터에서나 데이터에 접근할 수 있는 더 큰 유연성이 있다. 그리고 소프트웨어 업데이트 설치를 걱정할 필요가 없고 클라우드에 저장해 둔 데이터는 백업이 되어 있을 것이다. 또한 웹 베이스 시스템은 인터넷 브라우저를 소프트웨어와의 주된 인터페이스로 사용한다. 그 말은 소프트웨어가 웹페이지에서 볼 수 있는 것(하이퍼링크 같은)과 같은 구조를 사용한다는 의미이기에 당신이 인터넷 사용에 익숙하다면 시스템을 사용하는 것도 훨씬 쉬울 것이다. 당신의 소프트웨어가 데스크톱이든 아니면 웹 베이스든지 간에 얼마나 많은 기계 혹은 사람이 정보에 접근하는가에 따라 하나 이상의 사용권에 대해서 지불해야 할 것이다.

- *디지털 객체와 연결(Linking to digital objects)* : 당신은 기술과 디지털 객체를 −예를 들어, 이미지나 오디오 클립− 연결해주는 소프트웨어가 필요할 지도 모른다. 웹상에서 이렇게 할 수 있는 많은 방법이 있다. 그렇지만 관내에서 사용하는 소프트웨어를 구입한다면 (그리고 인터넷과 연결되어 있지 않다면) 당신은 이런 기능이 필요한지 그리고 당신이 고려하고 있는 소프트웨어가 이런 기능을 하는 지에 대해서 고려해야 한다.

- *웹 게시(Web Publishing)* : 비록 관내에서 사용하는 소프트웨어 패키지만 구입했다 하더라도 어느 날 당신의 기술을 인터넷에 올리기를 원할 수도 있다. 그렇다면, 당신은 그런 기술을 쉽게 웹에서 게재할 수 있게 지원해주는 소프트웨어 패키지를 원할지도 모른다.

- *포괄성(Comprehensiveness)* : 만약 당신이 기록 관리 소프트웨어에 돈을 들일 작정이라면, 아카이브즈 내에서 콜렉션 관리의 모든 프로세스를 지원하는 소프트웨어를 구입하고 싶을 수 있다. 혹은 아카이브즈가 가령 도서관이나 박물관 등을 부속기관으로 두고 있는 기관의 한 구성 요소인 경우라면, 더 큰 보존소(repository) 내의 전체 프로세스를 관리를 해주는 소프트웨어를 원할 수 있다. 포괄적인 기록관리 소프트웨어는 가령, 잠재적인 기증자를 추적해주고 기증을 통해 만들어진 모든 콜렉션을 추적할 수 있게 한다(기증서 형식을 만들어내고 기증 날짜나 이용 제한 같은 세부사항 등을 기록하게 한다). 또한 연구자나 직원이 콜렉션을 조사할 수 있는 방법을 제공하는 것뿐만 아니라 인수, 정리, 기술(웹에 게시하는 것을 포함하여)을 모두 지원한다.

- *사용자 베이스(User base)* : 성숙하고 더 많은 사용자를 가진 소프트웨어 패키지는 보통 새롭고 아직 시도해보지 않은 패키지를 도입하는 것보다 더 안전하다. 구매하기 전에 그 소프트웨어를 사용하는 다른 사용자에게 물어보아라. 얼마나 만족하는지 불만족하는지에 대해서 알 수 있을 것이다. 더 많은 사용자가 있다는 것이 지속가능성을 보장해주지는 않지만, 수천 개의 기록보존소가 사용하고 소프트웨어 프로그래머가 서포트해주는 상업 소프트웨어 패키지는 "엉클 조의 꽤 괜찮은 기록 소프트웨어(Uncle Joe's Pretty Good Archival Software)"보다는 훨씬 더 오래 갈 가능성이 높다.

만약 당신이 기록 관리 소프트웨어 패키지를 구매하지 않기로 했더라도 여전히 컴퓨터를 사용해 정리와 기술을 할 수 있다. 단순히 기술을 워드 프로세싱 소프트웨어로 만드는 것만으로도 기술을 표준화하고 더 효율적으로 유지하는 데 도움이 될 것이다. 예를 들어, 시리즈 기술 양식 템플릿을 만들어서 그 양식을 작성할 때마다 그냥 복사해서 사용하면 된다. 한 번 만들어두면, 이런 문서는 컴퓨터의 색인 및 검색 기능을 통해서 검색 가능하게 된다(예를 들어 마이크로소프트 윈도의 대부분의 버전에는 검색 및 색인 기능이 탑재되어 있다). 혹은 구글 데스크톱(Google Desktop)같은 다운로드할 수 있는 검색 툴(tool)을 통해서도 검색할 수도 있다. 비록 이런 툴들이 잘 고안된 기록 관리 툴만큼 정확하지는 않지만 비용 대비 효율이 높고 정보 검색 범위를 좁히는 데 매우 유용할 수 있다.

만약에 기술을 컴퓨터상에서 생산한다면, 당신은 그것을 파일링하는 표준 방법을 정하고 싶을 것이다. 예를 들어서 콜렉션 기술 폴더를 연도별로 분리해서 만들 수 있다. 이 안에서 각 시리즈별로 폴더를 만들고 개별 시리즈 기술 양식을 이 폴더 속에 저장하면 된다(그림 14 참조). 물론 파일명에 콜렉션이나 시리즈 이름을 포함시켜도 된다(그림 15 참조). 무엇을 하든, 이 문서의 파일링과 생산에서 일관성을 유지해야 한다. 왜냐하면 그래야 더 빨리 정보를 찾아낼 수 있기 때문이다.

웹상에서 기술을 이용 가능하게 하기

관내용 기록 혹은 오피스 소프트웨어를 사용하는 것은 효율성을 증가시키고 검색 시간을 단축시키는 좋은 방법이다. 그러나 당신의 기술이 인터넷상에서 이용 가능하다면, 기록보존소에 와서 그것을 찾는 사람보다 더 많은 사람들이 기술을 이용할 수 있을 것이다. 대부분의 아카이브즈는 웹사이트를 가지고 있다. 그리고 웹사이트는 기술이나 디지털 객체(이미지 등)를 인터넷에서 이용 가능하게 하는 가장 일반적인 방법이다.

당신의 기술을 인터넷상에서 이용 가능하게 하는 한 가지 쉬운 방법은 기술 별로 각각 웹페이지를 만드는 것이다. 모든 콜렉션의 목차를 간단하게 만들어서 개별 기술 페이지와 하이퍼링크로 연결하면 된다(그림 16 참조). 구글(Google)이나 빙(Bing)같은 검색엔진을 웹사이트에 더해서 기술을 포함한 모든 페이지를 검색가능하게 만들 수도 있다. 어떤 검색엔진은 사용료를 조금 받지만 또 다른 엔진은 당신이 스스로 할 수 있도록 코드를 제공한다. 약간의 웹 프로그래밍 지식만 있으면 쉽게 당신의 사이트에 검색 엔진을 탑재할 수 있다.

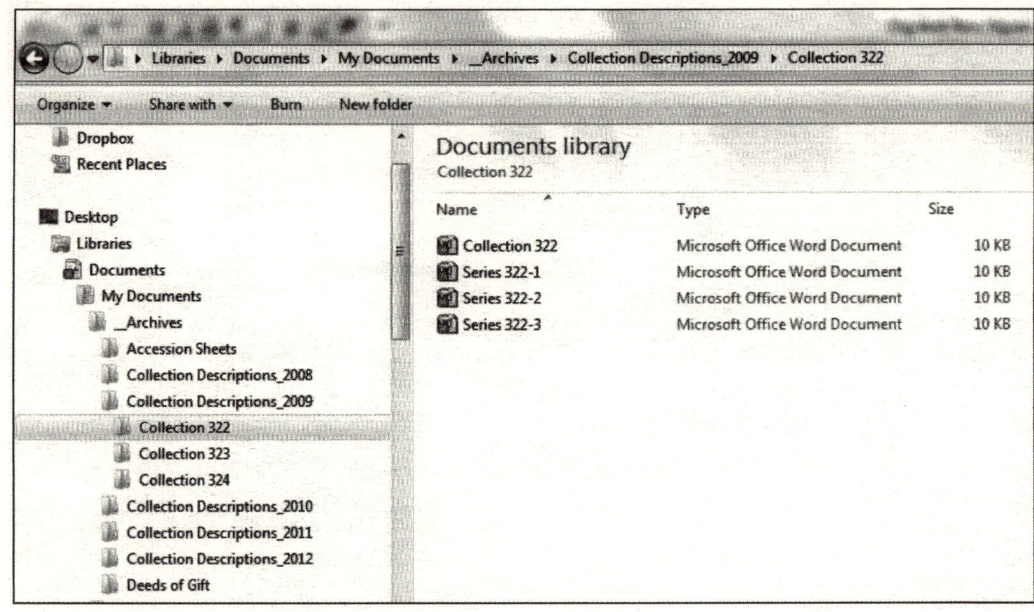

그림 14. 기술 양식을 위한 디렉토리 구조. 콜렉션 기술 2008, 2009 등으로 폴더를 구분해두고 개별 시리즈 기술 양식과 콜렉션 기술 양식을 각각 문서화 한 점에 주목해라.

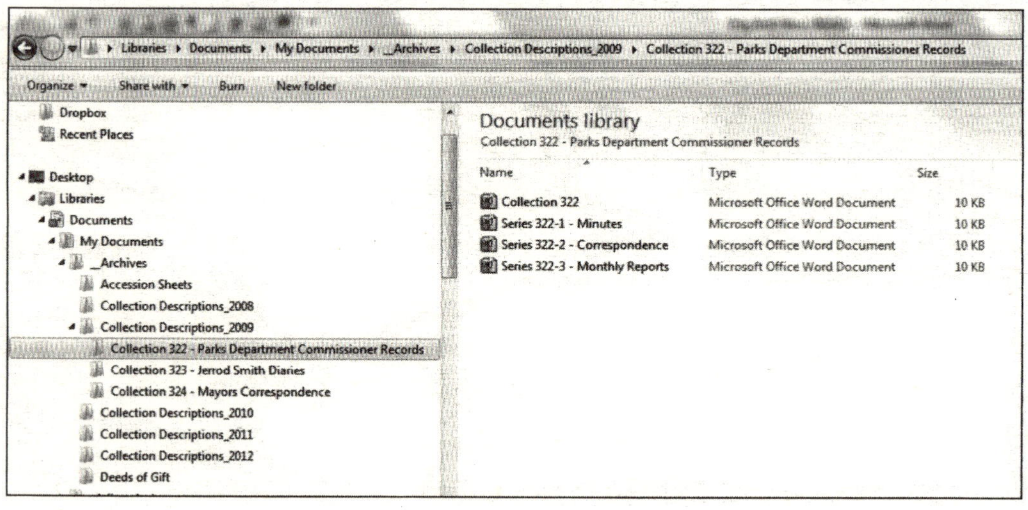

그림 15. 파일 이름을 포함한 제목이 있는 기술 양식 디렉토리 구조

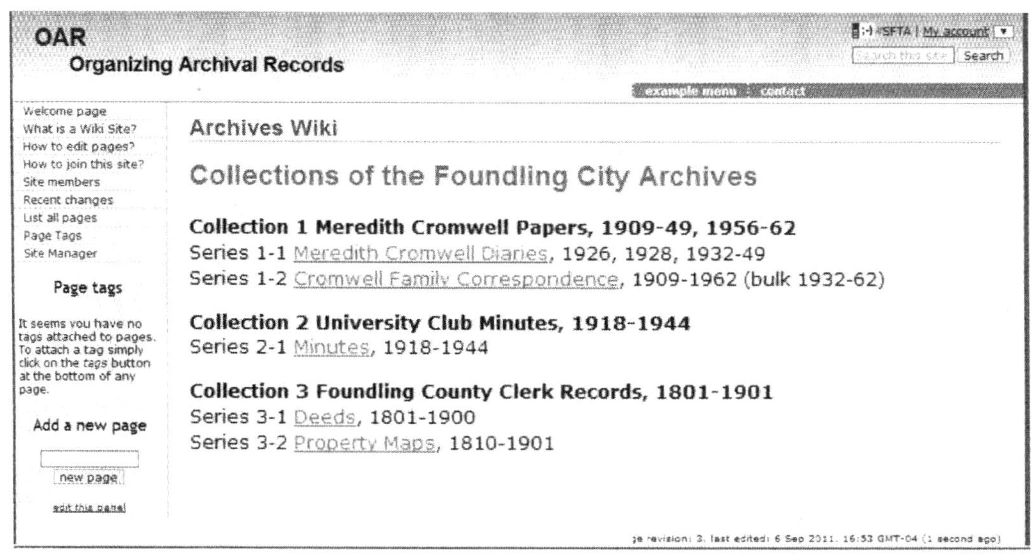

그림 16. 목차에 리스트 되어 있는 각 콜렉션을 보여주는 위키 페이지. 밑줄 친 단어는 시리즈 기술 양식에 링크되어 있다.

각 콜렉션 별로 분리된 페이지를 만들기 위해서는 웹프로그래밍에 관한 지식이 어느 정도 필요하다. 만약에 그런 지식(혹은 시간)이 없다면 그리고 콜렉션 및 시리즈 기술 양식을 워드 프로세싱 소프트웨어를 이용해 만들었다면, 이런 기술 양식을 PDF로 만들어서 온라인상에 올리는 것이 더 쉬울 지도 모른다. PDF를 이용하면 연구자들이 당신의 기술 양식을 당신이 만든 그대로 볼 수 있다는 장점이 있다. 이것은 일반 웹페이지에서는 약간 이루기 힘든 일이다. 만약에 당신이 OCR 장치4를 PDF 파일에서 이용할 수 있게 한다면, 연구자들은 문서를 다운로드해서 그 속에서 검색할 수 있다. PDF 사용 시 생기는 단점은 당신의 웹사이트 엔진이 PDF 내의 텍스트를 검색해내지 못할 지도 모른다는 점이다(많은 엔진이 그렇다) ; 연구자들은 각 PDF 문서를 열어서 각각 다시 검

---

4. 만약에 문서를 PDF로 저장한다면, 그것은 문서를 사진처럼 저장하는 것이다. 즉, 디지털 카메라를 이용해서 그 페이지를 사진으로 찍는 것과 비슷하다. 그 말은 만약 OCR(Optical Character Recognition) 장치가 없다면 컴퓨터는 문서 속의 텍스트를 텍스트로 인식하지 못한다는 말이다 (즉, 워드 프로세싱 문서에서 검색하는 방식으로 검색을 할 수 없다). 어도비 아크로뱃(Adobe Acrobat)의 풀 버전(무료인 "리더(reader)"버전이 아니라)은 OCR 장치를 포함하고 있어서 메뉴 바에서 클릭만 하면 PDF 문서를 검색할 수 있다. OCR 장치가 작동되고 문서가 저장되면 당신은 문서를 열어서 워드 프로세싱 문서처럼 텍스트를 검색할 수 있다.

색을 해야 한다. 당신은 모든 콜렉션과 시리즈 기술을 하나의 PDF 문서에 넣어둠으로써 이를 피할 수 있다. 그래서 연구자가 그 문서를 열어서 그 속에서 찾게 하면 된다. 문서는 결국 엄청나게 커지겠지만 각각 하나씩 열어서 찾는 것 보다 모든 기술이 들어있는 단 하나의 문서를 열어서 그 속에서 찾기는 쉬워진다.

비록 웹사이트가 당신의 기술과 디지털 객체를 온라인에서 이용 가능하게 하는 가장 일반적인 방법이지만 ―그리고 대부분의 기록 관리 소프트웨어 패키지는 웹 컴포넌트를 포함하고 있지만― 이것을 할 수 있는 또 다른 방법이 있다.

- *위키(Wiki)* : 위키는 웹사이트의 일종으로 종종 무료이고(혹은 아주 적은 돈을 요구한다), 일반적으로 보통 웹사이트보다 만들기 더 쉽다. 왜냐하면 편집 창(위키에 더하고 싶은 텍스트를 쓰는 곳)은 볼드(bold)나 이탤릭(italics) 같은 간단한 워드 프로세싱 기능을 포함하고 있다. 가장 유명한 위키는 위키피디아(Wikipedia)이지만, 당신만의 위키를 만들 수도 있다.[5] 당신은 위키피디아가 사용하는 소프트웨어와 똑같은 소프트웨어로 당신의 위키를 만들수 있다. 소프트웨어는 무료이다. 그렇지만 그것을 설치하기 위해서는 약간의 프로그래밍 기술이 필요하다. 그리고 당신의 위키를 이용 가능하게 하기 위해서는 당신만의 웹서버를 마련해야 할 것이다. 쉬운 선택은 위키닷(Wikidot)같은 온라인 위키 공급자를 이용하는 것이다(“위키 사이트(wiki site)”나 “무료 위키 사이트”라고 웹에서 검색해라). 그런 공급자들은 주로 기초적인 위키를 무료로(큰 사이트 같은 경우 저렴한 가격으로) 만들 수 있게 해준다. 특별한 전문가가 필요하거나 웹서버를 보유할 필요가 없다. 모든 것이 위키 공급자의 서버에 있다. 어떻게 위키를 만들든 간에 당신은 페이지를 잠가두고 아무나 바꿀 수 없게 할 수 있다. 그렇지만 어떤 아카이브즈는 어떤 페이지는 열어두어서 사용자가 자신의 정보나 견해를 그 페이지에 더하게 둔다.

---

5. 수년간 뉴욕 주의 역사적인 사라나크 레이크(Historic Saranac Lake(NY))라고 불리는 역사협회는 멋진 위키(at http://hsl.wikipot.org/)를 운영해오고 있는데 이 위키는 전적으로 자원봉사자들이 만들었고 유지하고 있다. 이것에는 기록 기술에 관한 내용은 없지만 위키가 얼마나 비용 대비 효율적이고 정교한지를 증명해주는 사례이다. 그랜드 라피드 공공도서관(Grand Rapids Public Library)의 경우도 훌륭한 위키(http://grpl.org/wiki/index.php.Finding_Aids)를 가지고 있고 여기에는 많은 검색도구의 PDF 버전이 포함되고 있다.

• *협력 디지털 도서관(Cooperative digital library)* : 주립 아카이브즈나 주립 대학 시스템(혹은 다른 곳)은 당신이 쓴 기술이나 디지털 객체를 기고할 수 있는 온라인 디지털 도서관을 가지고 있다. 그런 협력단은 어떤 형태의 자료를 기고할 수 있고 정보가 어떻게 포맷이 되어야 하는지 등에 관한 엄격한 기준을 보통 가지고 있다. 그들은 특정 소프트웨어를 사용하거나 특정 타입의 정보를 기술에 포함해줄 것을 요청할 수도 있다. 당신은 그런 협력단에 무료로 종종 참여할 수 있다. 당신의 콜렉션은 주나 지역의 다른 기록보존소와 연합하여 노출이 된다. 당신의 주 아카이브즈는 아마도 그런 협력단이 지역에 존재하는지에 대해서 알고 있을 것이다.

이 책을 읽으면서 당신이 가진 컴퓨터에 관한 지식이 이 업무가 요구하는 만큼에 못 미친다고 생각할 수 있다. 그러나 당신이 어떤 커뮤니티에서 소속되어 있든 ―타운, 학교, 교회 혹은 클럽― 그 커뮤니티에는 컴퓨터와 웹사이트를 이해하는 사람이 있고 기꺼이 그 지식을 나눠줄 것이다. 당신이 잠재적인 소프트웨어 패키지를 조사하는 것을 도와주거나 웹사이트나 위키를 만들고 유지해 줄 자원봉사자를 요청해봐라. 그들은 좋은 동기로 도와주는 것에서 만족감을 느낄 것이고 당신은 소중한 도움을 받을 있을 것이다. 당신이 전자기록을 기술하려 하든 아니면 자료를 전자적으로 이용 가능하게 만들려든 말이다. 어떤 경우이든 둘 다 작은 아카이브즈에서도 모두 가능하다.

5장
정리와 기술을 넘어서
(Beyond Arrangement and Description)

5장 정리와 기술을 넘어서
(Beyond Arrangement and Description)

이 매뉴얼은 정리와 기술에 초점을 맞추고 있지만 정리와 기술과 직접적으로는 관련이 없으나 어떤 식으로든 영향은 주고 있는 여러 가지 기록 이슈를 다루고 있다. 이 장에서는 8가지 그런 이슈를 간략하게 살펴볼 것이다. 당연히 다루는 정도는 피상적일 수 있고 자세하게 살펴보기 위해서는 참고문헌에 나오는 책들을 참조하길 바란다. 이 장에서는 기록물 인수와 관련된 두 가지 토픽을 살펴본다.

1. 기록물 평가
2. 기록물의 법적 구속력

그리고 6개의 토픽은 기록물의 보존, 접근 그리고 안전과 관련되어 있다.

3. 컨테이너와 아이템에 라벨링하기
4. 기록물을 안전하게 다루는 법
5. 전자 기록 보존
6. 기록물 공유와 홍보
7. 기록물 보관 환경
8. 기록물의 안전을 유지하는 법

■ 1. 기록물 평가

이 책은 당신이 정리 기술하는 모든 것이 당신의 아카이브즈에 적합하고 보존할 가치가 있다는 것을 가정한다. 그러나 사실이 아닐 수도 있다. "평가(appraisal)"는 기록이 보존할 가치가 있는지 결정하고, 가치가 있다면 *당신의* 아카이브즈에 보존되어야 하는지를[1] 결정하기 위해 기록을 분석하는 과정이다. 평가는 중요한 단계이고, 모든 콜렉션이 다 거쳐야 하는 과정이다. 왜냐하면 당신이 기록을 콜렉션으로 받아들일 때마다 당신은 기록관이 영원히! 그 기록을 안전하게 보관하고, 정리 기술하고, 연구자들이 접근가능하게 만드는 데 돈을 쓰게끔 하고 있기 때문이다. 이것은 엄청난 일이다. 당신과 그리고 당신 다음에 올 사람에게도 말이다(몇 년 이상 아키비스트로 일해온 사람이라면 전임자가 수집한 기록을 보면서 "무슨 생각으로 이런 거지?!"라는 말을 중얼거린 적이 있을 것이다. 당신이 평가를 잘하면, 후임자가 당신에 대해서 뭐라고 하지는 않을 것이다).

평가는 일부는 예술이고 일부는 과학이다. 이 기록은 보존될 가치가 있는지, 당신의 기록보존소에 둘지 다른 기관으로 보낼지에 대해 결정하기 위해 기록에 대해서 몇 가지 질문을 던져야 한다. 그 중 몇 가지 질문이 여기에 있다.

기록을 보존할 가치가 있는지를 결정하는 데 도움 주는 질문:

- *다루고 있는 시대와 자세한 정도(Time Span and Level of Detail)* : 기록이 다루고 있는 시대가 어떠하고 그 기간을 얼마나 잘 드러내는가? 다루고 있는 시대는 길 수도 있고 짧을 수도 있지만 중요한 것은 그 기간을 잘 설명하는 기록을 보존해야 한다는 것이다. 나는 예전에 잘 교육받고 꽤 관찰력이 좋은 여성이 거의 75년 동안 쓴 일기 콜렉션을 본 적이 있다. 그 기록은 오랜 기간을 다루는 훌륭한 기록이었다. 짧은 기간도 마찬가지로 잘 포착될 수 있다. 나는 단 하룻밤을 묘사한 문서를 읽은 적이 있는데, 그 날은 프랭클린 루즈벨트가 죽은 날이었다. 그 문서는 대통령이 죽은 직후에 리틀 백악관(the Little White House)으로 소환된 남자가 쓴 문서였다. 이 두 사례에서 기록이 시대를 잘 다루고 있는 것을 볼 수 있다. 그래서 이 문서들은 중요성을 획득했다.

- *독창성(Uniqueness)* : 기록이 사람, 장소 혹은 사건에 관한 독특한 정보를 포함하고 있는가? 아니면 기록되거나 출판된 다른 많은 자료에서도 발견되는 정보를 단순히 복제해 둔 정도인가? 정보는 독창적일 수 있다. 왜냐하면 그 기록을 생산한 사람이 독특한 관점을 가지고 있을 수 있고(가령, 그녀는 남성 지배적 산업에서 일한 첫 번째 여성들 중 한 명일 수도 있다) 혹은 기록이 다루고 있는 주제가 특별한 전문 지식을 요하거나(그는 기록이 다루고 있는 주제에 대해

---

1. 기록 평가는 일반적으로 금전적인 가치보다는 역사적 가치와 관련되어 있다.

특별한 지식을 가진 과학자이다) 아니면 아마도 기록을 생산한 사람이 논의되는 사건의 목격자이기 때문이다(위에서 말한 것처럼 FDR이 죽던 날에 관해 쓴 남자).

- *접근성(Accessibility)* : 만약 당신이 이 기록을 보존한다면 연구자들이 접근할 수 있는 기록인가? 아마도 기증자는 기록에 접근하지 못하도록 지나친 제한을 두기를 원할 수도 있다. 아주 오랫동안 공개하지 못하는 기록은 당신의 기록보존소가 비용을 댈 가치가 없을 지도 모른다. 혹은 당신은 접근을 허용하고 싶지만, 접근가능하게 하려면 당신이 보유하고 있는 수단을 넘어서는 자원을 요구할지도 모른다. 이런 고려는 특히 전자 기록을 평가할 때 중요하다. 왜냐하면 직원과 고객은 기록에 접근하기 위해서 가까운 시일 내에 특별한 장치를 필요로 할 것이기 때문이다(당신은 그런 장치를 가지고 있는가? 혹은 당신은 합리적인 시간 내에 그것을 보유할 것이라 예상하는가?). 그리고 전자기록은 장기적으로는 점차 많은 자원의 투입을 요청한다(전자기록을 적절하게 저장하고 하드웨어와 소프트웨어의 변화에 따라 기록을 마이그레이션하고 기록에 접근하는 데 필요한 장비를 유지하기 위한 필요한 사람, 시간, 돈이 있다고 기대하는가?).

보존할 가치를 지닌 기록이라고 가정했을 때, 그 기록을 당신의 기록보존소에 둘지를 결정하는 데 도움이 될만한 논의사항은 아래와 같다.

- *법적 권리(Legal right)* : 이 기록을 수집할 법적 권리를 가지고 있는가? 많은 정부 문서는 법적으로 주 아카이브즈같은 특정 기록보존소에 보관되어야 한다. 만약에 기록이 그런 법에 적용 받는다면 —그리고 당신이 그런 법적 기록보존소가 아니라면— 이 기록은 당신의 아카이브즈에 속해서는 안 된다는 것을 알 수 있다. 만약에 당신이 그 기록을 수집할 법적 권리를 가지고 있다면 (대부분의 경우이겠지만) 기증자가 기증을 할 권리가 있는지를 알아봐야 한다. 예를 들어 종종 기록을 포함해서 사망한 사람의 재산이 여러 명의 상속자에게로 가기 때문에, 단 한 사람의 상속자가 다른 사람들의 동의 없이 그 재산을 처분할 권리는 없다.
- *수집 정책(Collecting policy)* : 이 기록이 당신 기록보존소의 수집 정책에 부합하는가(당신은 명문화된 수집 정책을 가지고 있다. 그렇지 않는가? 혹시 그렇지 않다면 참고문헌의 자료를 참조하라)? 만약 부합하지 않는다면(종종 일어나는 일이지만) 이 기록을 받으면 안 된다. 이런 기록을 수집할 수 있도록 수집

정책을 다시 쓸 생각이 없다면 말이다.

- *연구 흥미(Research interest)* : 연구자들이 이 기록에 흥미를 가질 것 같은가? 이 기록이 연구자들이 묻는 질문의 종류에 답해주는가? 혹은 연구자들이 이런 종류의 정보를 다른 기록보존소에서 찾을 것 같은가? 예를 들어 당신이 일하는 역사협회로 지역 유명작가의 기록이 들어왔다고 하자. 그런데 당신은 타운에 있는 대학이 이 특정 저자의 책이나 문서를 수년간 수집해오고 있다는(혹은 이 저자에 관련된 꽤 규모 있고 훌륭한 콜렉션을 가지고 있다는) 사실을 알고 있다. 그렇다면 적어도 이 기록이 대학 아카이브즈에 보존되는 것이 연구자들에게 더 도움이 되지 않을까라는 질문을 떠올릴 필요가 있다.

- *서고(Storage)* : 이 기록을 받아들일 충분한 서고가 있는가? 그리고 적합한 서고를 가지고 있는가? 어떤 기록 형식은 특정한 보관 치수(가령, 크고 넓은 지도)나 혹은 환경(특정한 종류의 필름이나 마그네틱 매체의 경우)을 요한다. 만약에 그런 보관 장치가 없다면 다른 아카이브즈가 더 적절할지도 모른다.

- *처리과정(Procession)* : 기록을 정리 기술하거나 대중들이 이용 가능하게 만들 수 있는 전문가나 도구를 보유하고 있는가? 꽤 복잡하고 과학적인 기록의 경우에는 이를 이해하고 기술할 특별 전문가가 필요할 것이지만, 왁스 실린더의 경우에는 특별한 장비가 필요할 것이다. 만약에 당신이 그런 전문가나 장비가 없다면 ─혹은 이를 위한 충분한 돈이 없다면─ 그렇게 할 수 있는 기록보존소로 기록을 넘겨주는 것이 더 적절할 것이다.

- *정치적 고려(Political Considerations)* : 완벽한 세상에서는 콜렉션을 받아들일지 말지는 논리적 분석에 의해 엄격히 결정될 것이다. 그러나 실제 세상에서 이사회에는 회장이 있고 디렉터들은 친한 친구들이 있다. 이들은 종종 당신의 기록보존소에 적합하지 않는 콜렉션을 받아들여주기를 바란다. 때때로 정치적으로 약삭빠르게 행동하려면 다른 기록보존소에 보존되는 것이 낫거나 당신의 기록보존소에서 보존될 가치가 없는 기록을 받아들여야 한다. 그런 경우 (대부분의 경우에서) 기증서를 꼭 받아두어라. 그래야 콜렉션에 대한 명분과, 처분에 대한 제한 없는 권리를 가질 수 있게 된다. 당신은 회장이나 디렉터들 그리고 기증자보다 더 오래 살 것이다. 그러면 당신은 콜렉션을 폐기하거나 처음에 갔어야 할 기록보존소로 보내 줄 수 있는 기회를 ─그리고 법적 권리를─ 가지게 될 것이다.

만약 기록에 역사적 중요성이 없다고 평가 내려지면, 기증자에게 기록을 받을 수 없다고 말해라(역사적 중요성을 가진 기록만 수집하게 하기 때문에 이 기록들이 수집정책에 부합하지 않는다는 설명을 해서 기증자의 감정을 배려해야 한다). 만약 그들이 보존할 가치는 있지만 보존비용을 댈 수 없을 때도 그 사실을 기증자에게 말해라. 어떤 기증자는 기록을 보존하고 이용 가능하게 해줄 기금을 제공할 수도 있을 것이다. 만약에 기록이 보존할 가치는 있지만 다른 기록보존소에 더 적절할 것 같다면 이 사실을 기증자에게 제안해라. 보존하기 적절하다고 판단했던 콜렉션이 자세히 조사해보니 다른 기록보존소에 더 적절할 것 같다고 판명될 가능성은 항상 있다. 기증서에는 그런 의외성을 다룰 수 있는 문구도 포함되어 있어야 한다. 그리고 이런 가능성에 대해서 잠재적 기증자에게 솔직하게 설명해야 한다. 풍부한 기록 콜렉션은 아키비스트들 사이의 협력의 결과일 가능성이 높다. 그러니 당신의 평가가 역사적 중요성이 별로 없는 기록이라고 혹은 다른 기록보존소에 보관되는 것이 이용측면에서 더 좋겠다고 내려지면, 그 기록을 받아서는 안 된다.

▌2. 기록 자료에 대한 법적 구속력

기록에 대한 *물리적* 구속력을 가지는 것과 *법적* 구속력을 가지는 것은 같은 것이 아니다. 아카이브즈로 기록물과 함께 법적 권리를 넘겨받는 것이 필수적이다. 당신의 법적 권리를 보호하기 위해서 다음이 필요하다.

• 기록에 관한 모든 권리를 아카이브즈에 준다는 기증서(Deed of Gift)나 기증 동의서(Donor Agreement)를 만들어라. 참고문헌에 나열되어 있는 기록 프로그램을 위한 샘플 양식(*the Sample Forms for Archival and Records Management Programs*) 중 기증자 동의 샘플 양식을 참조하라. 인터넷에서 양식을 찾을 수도 있다.

• 기록의 물리적 소유권을 가지는 것이 콜렉션에 대한 지적 재산권을 부여하는 것은 아니다. 기증서에 이런 권리를 (즉각적으로 혹은 미래의 어떤 구체적인 시점에) 넘겨준다는 것을 명시해야 한다. 저작권 같은 지적 재산권을 기증자가 소유하고 있지 않을지도 모른다는 사실도 역시 알고 있어야 한다. 그런 권리를 누가 소유하고 있는지 알아내서 기록보존소로 넘겨달라고 해야 한다.

- 기증 동의서가 법적 양식에 적합한지 변호사에게 검토 요청을 해라. 만약에 당신의 아카이브즈가 더 큰 기관의 소속기관이라면 모 기관은 아마 법률 서비스를 제공해줄 수 있을 것이다. 만약 그렇지 않다면, 기증 동의서를 검토하고 편집할 시간을 내 줄 변호사를 찾아야만 할 것이다.

- 모든 기증자가 기증 동의서에 서명해야 된다고 주장하라. 대부분의 기증자는 아카이브즈가 기록물에 대한 명확한 법적 지위를 갖는 것이 얼마나 중요한 지에 대해서 이해할 것이다. 만약에 어떤 사람이 동의서에 서명할 것을 거부한다면, 나중에 법적 문제로 레슬링하는 것보다는 그 콜렉션은 거절하는 것이 낫다.[2]

- "어머니의 기록"이라는 콜렉션을 가져오는 사람은 아마 유일한 소유자가 아닐지도 모른다는 것을 기억해라. 기록의 소유권을 나누어 가진 다른 상속자가 있을지도 모른다. 그들 모두에게서 동의서에 서명받거나 기증자가 그들을 대신할 위임장을 가지고 있는지를 확인해라.

■ 3. 컨테이너(상자)와 아이템에 라벨링하기

라벨링은 기록물에 절대 해를 주어서는 안 된다. 아래는 안전하게 라벨을 붙이기 위해 사용되는 기술(techniques)이다.

- 평판 좋은 기록 관련 용품 공급자가 공급하는 영구 기록물 라벨을 사용해서 기록물이 들어있는 상자에 번호를 매긴다. 기록 보존용이 아닌 일반 상업적으로 이용되는 라벨을 사용하지 마라. 왜냐하면 이것은 쉽게 말라서 시간이 지나면 떨어지기 쉽다. 상자 라벨이 젖을 경우를 대비해서 내구성 잉크를 사용해라.

- 합본은 중성지 띠를 사용해서 책갈피처럼 책 밖으로 튀어나오는 방식으로 라벨을 붙인다. 혹은 책의 특정 위치에 연필로 살짝 번호를 써도 좋다. 보통 앞뒤 커버 안쪽에 쓰는데 책에서 중성지 띠가 분리되는 경우를 대비해서다. 항상 사각 괄호 [ ]를 이용해서 번호를 쓰고 가능하다면 모든 책의 같은 위치에 써라. 그래야 나중에 번호를 찾으려고 뒤지지 않는다.

---

2. 법적 문제가 일어날 가능성은 높다. 예전에 오래 전 사망한 기증자의 손자가 이베이에서 검색을 하거나 엔틱 로드쇼(Antiques Roadshow)를 본 후, 할아버지가 미국 남북 전쟁 편지를 절대 내줬을 리가 없다고 확신하며 연락해온 적이 있었다. 그때 서명이 되어 있는 기증서가 갈등을 빠르게 해결해주었다.

- 지도와 사진은 해당 아이템 뒤에 라벨을 붙일 수 있다. 항상 연필을 사용하고 사각 괄호 [ ]를 사용해서 연구자들이 원 생산자가 아닌 다른 사람이 덧붙인 것임을 알 수 있게 해라. 항상 같은 위치에 번호를 쓰는 것도 좋은 생각이다 (가령, 뒤집어서 오른쪽 아래 코너에 번호를 쓴다든지). 일관성을 유지하는 것은 번호 매기는 데 드는 시간을 아끼게 해준다. 아이템에 번호를 쓸 때에는 평평하고 먼지가 없는 곳에서 해라. 그래야 문서가 손상되지 않는다.

- 비슷한 컨테이너(상자)와 아이템을 같이(예를 들면 모든 합본은 같이) 두거나 보관 장소를 표시하기 위해 컨테이너(상자) 번호에 글자를 덧붙이기로 결정했다면, 컨테이너에 번호를 쓸 때 글자도 포함해서 써야 한다. 스텝 11의 예에서 첫 번째 컨테이너(상자)의 라벨은 1-1.1B.라고 다 썼다. 3번째 아이템(묶음, volume)은 중성지 띠를 이용해 1-1.3V.라고 라벨링을 했다. 여기서 "B", "V"라는 글자를 보고 유닛을 적절한 보관장소로 빨리 가져다 둘 수 있다.

■ 4. 기록물을 안전하게 다루는 법

정리나 기술을 하면서 기록물이 손상되지 않게 보호하는 것은 중요하다. 당신이 (혹은 다른 직원이나 고객이) 기록을 다룰 때마다 위험을 최소화 할 수 있는 몇 가지 간단한 팁이 있다.

깨끗하고 평평한 표면은 기록물을 정리 기술할 때 필수적이다.

- 절대 기록물 근처에서 음식, 음료수를 먹고 마시거나, 흡연을 하게끔 허용해서는 안 된다.

- 한 번에 한 폴더만 꺼내야 한다. 플레이스 홀더(딱딱한 종이나 판자 같은)를 이용해 폴더를 꺼낸 곳을 표시하고, 정확한 위치에 다시 넣을 수 있게 해야 한다.

- 항상 작업하고 있는 기록물을 수용하기에 충분히 넓고 깨끗한 테이블 위에 기록을 둘 수 있게 해라. 만약 가능하다면 정리와 기술만을 위해 사용되는 테이블을 마련해라.

- 테이블 위에 기록을 평평하게 쌓고 기록에 구멍을 뚫거나 찢을 수 있는 어떤 부스러기도 없어야 한다.

- 기록물을 다룰 때는 연필만 써라. 연필을 써야만 실수로 잘못 표시했을 때 쉽게 없앨 수 있다. 잉크는 어떤 특정한 종류의 기록에 해를 끼칠 수 있다. 그러니 펜은 멀리 보내라. 샤프도 사용하지 마라. 문서에 구멍이 날 수도 있다.

- 사진과 같은 기록을 작업하는 것이 아니라면 장갑을 쓰지 마라. 장갑이 당신 손에 있는 기름으로부터 문서를 보호해줄 수 있을지 몰라도 문서를 다루기 더 어렵게 해서 더 큰 위험에 처할 수 있게 한다. 대신에 기록물을 다룰 때는 손을 자주 씻어라.

- 많은 아카이브즈는 한때 콜렉션에서 모든 클립을 다 제거하고 플라스틱 클립으로 교체한 적이 있었다. 그러나 이렇게 하는 것이 더 이상 일반적이지 않다. 플라스틱 클립을 사용해도 위험은 있다. 플라스틱 클립은 쉽게 깨져서 약한 종이를 찢을 수 있고 폴더 안에 다루기 힘든 덩어리를 만드는데 거의 몇 개 사용되지도 않는다. 녹슬었거나 명확히 문서에 해를 끼치고 있는 것이 아니라면 많은 아카이브즈에서는 클립을 그대로 둔다. 그런 클립을 스테인리스 스틸로 된 클립이나 바인더 클립을 사용해서 교체할 수도 있는데 두 경우 모두 (특히 바인더 클립으로 교체한 경우) 중성지 조각을 페이지 양쪽에 끼워 넣는 것이 최상이다. 중성지 조각은 기록물이 클립 때문에 찢어지거나 흠집이 나는 것을 막아준다.

- 많은 아카이브즈는 고객이 직접 복사를 하게 허용하지 않는다. 왜냐하면 대부분의 고객은 기록물을 취급하는 적절한 방법에 익숙하지가 않다. 오직 일부 기록에만(가령, 가장 약하거나 가장 가치 있는 기록에만) 적용을 할지라도 그런 정책을 도입하는 것을 고려해봐라. 그런 정책을 명문화해서, 모든 연구자에게 공평하게 적용해라.

■ 5. 전자기록 보존

만약 콜렉션에 전자기록이 포함되어 있다면, 그것을 보존하기 위한 몇 가지 조치를 취해야 할 것이다. 이것은 연구자가 그 기록을 이용할 수 있게 하거나 혹은 미래의 사용을 위해 단순히 저장해두는 경우 모두에 적용될 수 있다. 전자기록을 보존하는 것은 복잡한 일이지만 이 기록이 살아남는 데 도움이 되는, 당신이 할 수 있는 몇 가지 간단한 것이 있다.

- *전자기록을 표준화된 스토리지로 옮겨라.* 대부분의 전자기록은 플로피 디스크나 CD 혹은 다른 매체로 아카이브즈에 도착할 것이다. 이것은 시간이 지나면서 부식될 것이고 이미 벌써 흠집이 나거나 해를 입었을 수도 있다. 당신은 표준 저장 매체를 선택해서 모든 전자기록을 그 매체로 옮겨야 한다. 가령, 모든 전자기록을 서버에 두기로(혹은 보존만 하고 다른 용도로는 안 쓰이는 PC에 두기로) 결정할 수 있다. 혹은 사용되지 않을(흠집이 나지 않을) 고품질 CD에 넣을 수도 있다.

- *전자기록 원본을 사용하지 마라.* 원본 전자기록을 저장하기 전에 연구자들이나 직원들이 사용할 복사본을 만들어라. 원본은 사용하지 말아야 한다. 그렇게 하는 것은 기록을 실수로 변경하거나 삭제 대상으로 만들 수 있기 때문이다. 원 버전은 새로운 복사본을 만들 때만 써라. 원본에는 원본이라고 라벨이 붙어 있어야만 한다. 그래야 그것을 사용해서는 안 된다는 것을 알 수 있다.

- *여러 복사본을 만들어 두어라.* 여러 종류의 복사본을 여러 개의 저장 매체에 두는 것은 필요한 절차이다. PC에 한 복사본을 두고 외장 하드에 백업용을 두면 다른 매체에 두 번째 복사본을 가지고 있는 셈이 된다. 비록 매체를 달리 사용하지 않더라도 여러 개의 복사본을 만들어두어라. 예를 들어, 한 CD가 손상을 입게 될 경우를 대비해서 다른 2장의 CD에 2개의 복사본을 만들어 두는 방법이다. 다양한 복사본을 다양한 *장소(location)*에 두는 것도 좋은 방법이다. 하나는 관내 PC나 CD에 두고 다른 한 부는 CD에 담아 50마일 떨어진 장소에 두는 방식으로 말이다. 혹은 한 복사본은 관내에 두고 다른 하나는 온라인 데이터 저장 사이트에 업로드하는 방법도 있다. 그런 방법으로 만약 기록보존소가 해를 입었거나 혹은 재난으로 파괴되었을 때 멀리서 보호받고 있는 복사본을 확보할 수 있게 된다.

- *매 5년마다 매체를 갱신(refresh)해라.* 어떤 CD나 마그네틱 테이프도 영원하지 않다. 한 CD나 테이프에 있는 모든 이미지를 적어도 5년마다 다른 CD나 테이프로 복사해라. 5년은 마법의 수가 아니다. 혹은 일반적으로 받아들여지는 시간도 아니다. 그렇지만 경험에 근거해서 보자면 적절한 시간이다. 왜냐하면 하드웨어와 소프트웨어는 매우 빨리 변화한다. 만약 10년을 기다리면, 복사하려는 CD를 읽어내는 데 어려움이 있을 수 있다(기록을 읽어내는 데 필요한 하드웨

어나 소프트웨어가 아마 구식이 되어버렸을 지도 모른다). 그리고 매 2년이나 3년마다 갱신하는 것은 과해 보인다. 항상 새로운 디스크나 테이프의 이미지가 읽혀지는지 그리고 완전한지를 오래된 디스크나 테이프를 버리기 전에 확인해라. 명문화된 계획을 만들어서 각 디스크나 테이프의 갱신 일정을 관리해야 한다.

- *주기적으로 복사본을 마이그레이션해라.* 마이그레이션은 갱신과는 다르다. 매체를 갱신하는 것은 전자기록을 한 저장 장치(가령, CD)에서 다른 저장장치로 (새로운 CD) 옮기는 것이다. 그래서 저장 매체 (CD, 테이프, 혹은 DVD)가 부식되는 위험을 낮추는 것이다. 그러나 마이그레이션은 전자기록을 원래 생산한 소프트웨어 버전에서 같은 소프트웨어의 새 버전으로 변환시키는 것이다. 예를 들면, 마이크로소프트 워드 2003 문서를 마이크로소프트 워드 2010으로 변환하는 것이다. 이렇게 하는 이유는 어떤 소프트웨어 버전도 영원하지 않기 때문이다. 오늘날 쉽게 읽을 수 있는 PDF 혹은 워드 문서는 7년 혹은 10년 후에는 읽기 힘들지도 모른다. 정기적으로 샘플 전자기록을 열어서 여전히 읽을 수 있는지 확인하고 만약 소프트웨어가 많이 변했다면(만약 전자기록을 생산할 때 사용한 소프트웨어 이후 2~3개의 버전이 나왔다면) 새로운 버전으로 그 기록을 저장해 두어야 한다. *그러나 이것은 오직 복사본에만 해당한다.* 원 전자 기록은 *항상* 원래 생산된 소프트웨어 버전으로 남아있어야 한다. 만약에 워드 2003으로 생산되었다면 영원히 워드 2003 문서로 남아있어야 한다. 그것의 복사본은 워드 2007이나 2010으로 혹은 그 이상으로 변화되어야 한다. 갱신처럼 명문화된 계획을 만들어서 각 디스크나 테이프를 마이그레이션 일정 관리를 해야 한다.
- *다양한 포맷으로 복사본을 만들어라.* 한 가지 보존 전략은 전자기록의 복사본을 새로운 포맷으로 변환시키는 것이다. 원 포맷이 구식이 되어 쓸 수 없게 되는 경우를 대비해서 말이다. 예를 들어 콜렉션에 워드퍼펙트 문서가 포함되어 있다면 원본은 그 포맷으로 유지해라. 그러나 복사본을 만들어서 이 복사본을 PDF로 변환시켜라. 그런 방식을 통해 워드퍼펙트가 오래되어 쓸 수 없게 되어도 어도비 PDF로는 읽을 수 있을지 모른다. 그러면 기록에 들어있는 정보는 보존할 수 있을 것이다. 같은 방법으로 원래 TIFF 이미지는 JPEG로 복사해둘 수 있다. JPEG 복사본은 용량이 더 작다(웹이나 이메일에 올리기 더 쉽다). 그리고 그것은 TIFF가 사라지는 경우를 대비해서(다시 말하지만 그럴 것 같지는 않다) 다른 포맷으로 복제해둠으로써 약간의 보험 같은 구실을 한다. 기억해라 : 항상 원 전자기록을 원 포맷으로 유지해야 한다.

이 모든 것은 엄청난 복사로 보여지지만, 이것은 전자기록을 보존하는 비결 중 하나이다. 사실, 디지털 보존에 헌신하는 LOCKSS(Lots Of Copies Keep

Stuff Safe)라고 불리는 전체 기록 커뮤니티가 있다.[3] 다른 저장 매체에 다른 포맷으로 다른 복사본을 만들어둠으로써 전자 기록이 하드웨어의 변화와 소프트웨어의 업데이트와 매체의 노후화 속에서도 살아남을 수 있는 기회를 높여줄 수 있다.

▌6. 기록물 공유와 홍보

콜렉션 기술을 온라인에 올리는 것은 당신 기관이 보유하고 있는 기록을 전 세계로 홍보하는 훌륭한 방법이다. 또한 어떤 특정한 디지털 객체를 공유할 수 있는 많은 다른 방법도 있다. 특히 디지털 이미지 같은 경우 쉽고 무료로 공유할 수 있다. 플리커(Flickr)나 피카사 웹(Picasa Web)와 같은 웹사이트는 이미지를 업로드할 무료 공간을 제공하고 널리 이용될 수 있게 해준다. 콜렉션 기술을 업로드할 수는 없지만 이런 방법은 많은 고객 앞에 보유 기록의 한 부분을 내놓는 좋은 방법이다. 또한 사용자가 이미지를 태그하고 라벨을 붙이는 것을 허용함으로써 고객이 가져다 주는 지식으로부터 당신도 이익을 얻을 수 있다. 페이스북(Facebook)이나 유튜브(YouTube) 같은 소셜 네트워크 사이트도 비슷한 잠재력을 제공한다.

당신의 기록 콜렉션에 지속적인 관심을 가지고 있는 고객을 끌어들이거나 유지하기 위해서는 블로그("웹로그(weblog)"의 준말)를 시작하는 것을 고려해봐라. 블로그를 사용자 커뮤니티에 꾸준히 편지를 쓰는 것이라고 생각해라. 블로그에 항목을 분리하여 아카이브즈에 무슨 일이 일어났고, 어떤 콜렉션을 지금 이용할 수 있으며, 어떤 콜렉션이 예상치 못한 보물을 포함하고 있는지 그리고 커뮤니티 멤버들이 알았으면 하는 내용 등을 말해줄 수 있다. 가장 좋은 것은 커뮤니티 멤버들이 답을 하게 하는 것이다. 그러면 블로그는 사용자 간에 대화를 만들어낼 수 있다. 블로그를 시작하는 것은 보통 무료이며 상대적으로 쉽다. 온라인에서 "블로그"라고 검색함으로써 시작할 수 있다.[4]

---

3. www.LOCKSS.org를 참조하라.

4. 이 글을 쓰는 현 시점에서 가장 인기 있는 블로그 사이트는 워드프레스(WordPress, http://www.wordpress.com/)이다.

■ 7. 기록물 보관 환경(Storage Conditions)

어떤 것도 적절한 환경보다 더 많이 기록물의 장기 보존에 기여할 수 있는 것은 없다. 작은 아카이브즈 모두가 이상적인 환경을 가질 수 있는 것은 아니지만 아래의 가이드라인은 모든 아카이브즈의 목표가 되어야 한다.

- *온도와 습도를 일정하게 해라.* 적절한 온도는 60°F~68°F(약 15.6℃~20℃) 사이로 변동 폭은 24시간 내에 ±5°F(±2.8℃) 정도여야 한다. 적절한 습도는 35%RH에서 45%RH로 변동 폭은 24시간 내에 ±5%RH 내여야 한다. 이런 조건은 맞추기 까다롭다. 특히 콜렉션이 사람들이 일하는 장소에 보관되어 있어야 한다면 더욱 그렇다. 그러나 아카이브즈는 가능한 이에 가까이 맞추려고 애써야 한다. 그리고 무엇보다도 변동폭이 가능한 적어야 한다.

- *자외선을 줄여라.* 기록물에 도달하는 햇빛의 양을 줄일 수 있게 창문을 가려라. 형광등에 UV 차단 커버를 씌워라.

- *화재로부터 콜렉션을 보호하라.* 재난이 일어나기 전에 화재 위험을 식별해서 제거할 수 있게 건물을 모니터해라. 건물 주위를 둘러보고 정기적으로 그런 위험을 찾아내는 것을 규칙으로 삼아라. 지역 소방서를 초청해 같이 순회하라. 보관 장소에 스프링클러를 설치해라. 습식 스프링클러 시스템을 사용하는 것이 타당한지에 대한 논쟁이 있지만, 물에 젖은 기록물은 복구될 수 있어도 불에 탄 기록물은 복구될 수 없다.

- *금속으로 된 개방형 선반을 사용해라.* 금속 선반은 나무보다는 낫다. 왜냐하면 나무 선반은 기록물에 해를 끼치는 화학물질을 내뿜을 수 있다. 밀폐형 선반은 공기를 가둬서 기록물을 부패시킬 수 있게 하지만 개방형 선반은 공기가 순환하게 해준다.

- *중성지로 만들어진 상자나 폴더에 기록물을 보관해라.* 중성지로 된 폴더나 상자는 기록물의 부식을 느리게 해준다. 또한 사진이나 네거티브 보관을 위해 특별히 고안된 폴더나 봉투를 구매할 수도 있다. 항상 믿을 만한 기록용품 공급자에게서 물품을 사야 한다.

■ 8. 기록물의 안전을 유지하는 법

대부분의 아카이브즈는 이용자가 서고 공간으로 들어오는 것을 막고, 콜렉션을 이용할 때 모니터링한다. 오직 정직한 사람들만 콜렉션을 이용한다고 믿고 싶지만 그 반대의 증거가 많다. 최근에 세계적으로 유명한 역사학자가 미국의 국가기록원에서 미국 남북전쟁 문서를 변경하려다가 고

아카이브즈 열람실의 명확한 시야는 사용자를 주의 깊게 보고 기록물을 지키는 데 도움이 될 것이다. 조지아 아카이브즈 제공.

소된 적도 있다. 어떤 사람은(그 사람은 방문할 때마다 쿠키를 가져와서 아키비스트들이 항상 반겼는데) 미국 대통령 기록을 훔치려다가 기소되었다. 불행하게도 존경받고 저명한 학자들도 도둑이 될 수 있다. 그리고 고지식할 정도로 정직한 사람조차도 자신의 선조의 유언이나 희귀한 우표를 보면 흔들리기도 하며 그런 작은 아이템들은 쉽게 숨겨진다.

그러나 절도가 이용자들을 모니터하는 유일한 이유가 아님을 명심해라. 비록 경험이 많은 연구자들도 부주의로 연약한 기록에 해를 끼칠 수 있다. 그래서 기록이 실수로 위험에 처하게 되면 아키비스트들이 가까이에서 개입할 준비가 되어있어야 한다. 좋은 의미로 연구자가 도움을 준다고 하며 기록을 재정리하는 경우도 흔치 않은 것이 아니다. 그런 "도움"은 당신이 그렇게 유지하려 애쓴 원 질서를 파괴할 수 있다. 나는 기록을 "고쳐"줌으로써 도움을 주려 한 연구자를 만난 적이 있다. 그는 그의 고조부가 남부연합 장군이었고 이등병이 아니었으며 그의 복무 기록은 수정될 필요가 있다고 주장했다. 현명한 아키비스트라면 모든 연구자를 주의 깊게 살펴야 한다.

이상적으로 아카이브즈는 오직 직원만 혹은 선택받은 직원만 접근가능하게 서고를 닫을 것이다. 왜냐하면 광대하게 많은 절도가 아카이브 안에서 직원들에 의해 일어나기 때문이다. 만약에 분리된 잠겨있는 서고가 없다면, 서고

영역을 막아서 봉쇄하는 것을 고려해봐라. 적어도 심리적으로라도 공용 공간에서부터 분리시킬 수 있도록 말이다. "직원 외 출입금지"라는 표시는 서고 영역을 명확히 정의해준다. 가장 가치 있는 기록은 잠글 수 있는 서랍장, 파일 캐비닛 혹은 작은 저장 캐비닛 등에 두어라.

많은 아카이브즈는 검색도구에 위치 정보를 노출시키지 않는다. 그러나 특정 컨테이너나 유닛을 찾기 위해서 위치 가이드를 따로 쓴다. 어떤 아카이브즈는 상자 라벨에 제목 대신에 숫자만 써서 상자 속 내용을 숨기기도 한다. 그런 방법은 검색을 느리게 할 수는 있지만 서고를 돌아다니는 사람이 가장 귀중한 기록을 식별하게 하기는 어렵게 만들 것이다. 당신이 어떤 방법을 조합해서 쓰던지 간에 가장 우선적인 것은 콜렉션을 보존하는 것이다. 그 말은 기록에 접근하는 것을 통제한다는 의미이다.

연구자가 기록을 이용하기 위해서 따라야만 하는 절차를 명문화 해두어야 한다. 각 연구자에게 절차를 읽을 것을 요구하고 인지했음을 서명받아라. 아카이브즈의 일반적인 요구 사항은 다음과 같다.

- 연구자는 사진 ID를 보여주어야 하며 방문할 때마다 방문록에 서명해야 한다.
- 연구자는 직원에 의해 모니터 될 것이며 만약 있다면 비디오로 녹화될 것이다.
- 흡연, 음식물, 음료수는 연구조사 지역에서 금지된다.
- 펜, 형광펜, 서류가방, 부피 있는 코트 그리고 가방을 연구조사 지역으로 들고 갈 수 없다.
- 연구자는 한 번에 한 폴더씩만 한 상자에서 뺄 수 있다(플레이스 홀더를 제공해서 폴더를 적절한 위치에 다시 둘 수 있도록 해야 한다).

만약 온라인에서 "아카이브즈 열람실 규정" 혹은 "아카이브즈 열람 절차"를 검색해보면 절차에 관한 많은 예를 찾을 수 있을 것이다.

결 론

결론

이제 당신은 이 매뉴얼을 모두 읽었지만 여전히 많은 질문거리를 가지고 있을지도 모른다. 아마도 좋은 기술을 쓸 수도 혹은 원 질서를 밝혀내지도 못할 수 있다고 걱정할지도 모른다. 대부분의 작은 아카이브즈는 콜렉션에 성심을 다하는 사람들에 의해 유지된다. 만약 당신이 두렵게 느낀다면 그것은 자연스러운 것이다. 이에 미루어보아 몇몇 관찰 결과를 가지고 결론을 내고자 한다.

우선 이 책에서 말한 정리와 기술의 방법은 일을 하는 한 가지 방법일 뿐이다. 돌에 새겨진 것처럼 고정된 것이 아니라 구체적인 필요가 있다면 변경될 수 있다. 물론 그 방법을 아마도 주 아카이브즈나 지역 대학 아카이브즈에서 일하는 전문 아키비스트와 상의를 해야겠지만 말이다. 내가 독자에게 명확히 설명했기를 바라는 변경 불가능한 원칙을 제외하고, 이 매뉴얼은 당신의 아카이브즈의 독특한 상황에 맞춰서 유연하게 적용될 수 있을 것이다.

두 번째로, 이 책에서 보여진 스텝들은 당신이 정리와 기술 과정에 더 익숙해지면 서로 통합될 수도 있을 것이다. 예를 들어서 하나의 개별 단계에서가 아니라 재편철하거나 상자에 넣는 과정에서 주제 항목을 만들 수 있다. 중요한 것은 모든 콜렉션 별로 각 단계를 모두 다 해야 한다는 것이다. 다른 것을 할 시간이 없게 한 스텝에 너무 빠지지 마라. 시간을 많이 들일 필요가 없는 콜렉션에는 시간을 적게 써라 : 한 문장으로 기술하고 배경 설명을 간단하게 쓰던가 아니면 생략해라. 더 깊이 있는 기술과 설명이 필요한 콜렉션에 시간을 더 투자해라.

그리고 마지막으로 정리와 기술은 생각보다 어려운 것은 아니다. 핵심은 기록을 논리적 순서대로 두고 그런 후 내용을 기술하라는 것이다. 만약 그렇게 했다면, 필요할 때 찾을 수 있도록 논리적인 방식으로 선반에 기록을 배열하면 된다. 그러면 당신은 할 일을 다 한 것이다.

우리들 대부분은 매일 국가적으로 중요한 콜렉션을 다루고 있지 않다. 지역 연구자에게 유용할 기록 혹은 종종 전국적 현상에 대한 지역적 예시에 관심 있는 연구자에게 유용한 기록을 가지고 있을 뿐이다. 이것은 좋은 일이다. 왜냐하면 만약 때때로 우리가 정리와 기술을 하면서 실수를 한다고 해도 아마 평생 이를 아는 사람이 없을 수도 있기 때문에 걱정이 덜 된다.

가장 중요한 것은 팔을 걷어붙이고 시작하는 것이다. 한 번 시작하면 다른 콜렉션에 곁눈질하지 마라. 어떤 사람들은 모든 콜렉션을 색인화하는 것을 좋아하고 어떤 사람은 완벽한 순서로 모든 종이 한 장 한 장을 정리하는 것을 좋아한다. 그러나 그렇게 하는 것은 귀중한 시간을 한두 개 콜렉션에 쓴다는 것이고 수십 개의 다른 콜렉션의 정리는 시작도 못 한다는 의미이다.

요약해서 말하자면, 최선을 다해라. 이 매뉴얼을 깊이 고려해서 사용해라. 만약 궁지에 처한다면 전문가에서 도움을 요청해라. 그러나 무엇보다도 그냥 시작해라!

사용된 예시에 관한 설명 : 여기에 포함된 콜렉션 기술의 예시를 사용하게끔 허락해준 기록보존소에 감사드리고 싶다. 여기에 포함된 예시는 이 책에서 말하는 방법에 완전히 기초한 것은 아니다. 그러나 이 책 전반에 걸쳐 논의된 정리와 기술의 다양한 요소를 설명하는 예시이다.

■ 예시 1 : 워커 가족 기록(Walker Family Papers)

뉴욕 주 화이트 플레인즈 시 아카이브즈(White Plains City Archives, NY)
워커 가족(Walker Family)
종이(Papers), 1863년-1948년, 벌크 1900년-1947년.
3.5입방 피트

역사 설명(Historical Notes) [배경 설명(Background Notes)]

알프레드 워커(Alfred Walker) 교수는 1947년 화이트 플레인즈에서 90세의 나이로 사망했을 때 "웨스트체스터 음악가의 수장(Dean of Westchester Musicians)"이라고 알려져 있었다. 그는 1854년에 영국 케임브리지에서 태어났다. 1876년에서 1879년까지 런던 로열 아카데미 뮤직(the Royal Academy of Music in London)에서 공부했으며 1882년에 케임브리지에서 음악학교를 열었다. 워커 교수는 심포니 오케스트라를 케임브리지에서 만들었고 시장(the Mayor)으로부터 빅토리아 여왕 기념 행사(the Queen Victoria Jubilee)의 일환으로 1887년에 콘서트를 열어달라고 요청받았다.

1888년 8월 2일에 워커 교수는 그의 학생 중 한 명이었던 마틸다 브리슬리(Matilda Brisley)와 영국 켄트 주의 샌드위치 지역 근처 아쉬(Ash)의 교구 교회에서 결혼했다. 이 부부는 1897년에 미국으로 건너와 브룩클린(Brooklyn)에서 몇 년 머물다가 1900년부터 1916년까지 뉴욕 태리타운(Tarrytown)에 정착했다. 워커교수는 그곳에서 워커 교수는 음악학교를 세웠다. 그는 1909년에 미국으로 귀화하게 되었다. 1916년 워커 교수와 그의 가족은 화이트 플레인즈 시로 와서 워커 음악학교(the Walker School of Music)를 설립했고 선생님이자 음악가로서 유명해졌다.

워커의 두 딸은 영국에서 태어났다(이니드(Enid), 1889년 8월 2일 생, 캐슬린 위니프레드(Kathleen Winifred), 1891년 2월 13일 생). 그리고 미국에서도 두 아이가 태어났다(윈터 브리슬리(Winter Brisley), 1896년 10월 28일 생, 뮤리엘(Muriel), 1899년생). 이니드는 1920년 5월에 죽었고 1921년 9월에 캐슬린 "위니(Winnie)"에게도 비극이 생겼다. 그녀는 터키 콘스탄티노플에 있는 여자 대학에서 음악을 가르치고 있었는데 거기서 사고로 죽었다. 윈터는 제1차 세계대전에서 완전히 불구가 되었고 부모님과 함께 살다가 그들이 더 이상 그를 돌볼 수 없게 되었을 때 V.A. 병원에서 살게 되었다. 그는 1948년 6월 10일에 사망했다.

워커 교수는 개인적으로 그리고 몇몇의 큰 사립학교에서 수백 명의 제자를 길러냈다. 그는 많은 바이올린과 피아노 연습곡을 썼으며 기교에 관한 몇 권의 책을 저술했다. 또한 그는 아마추어 시인이자 단편소설, 연극, 에세이 작가였다. 그는 회고록을 3권으로 남겼다. 그는 특히 경제에 관심이 있었고 종종 경제 토픽이나 협동조합운동에 대한 글을 썼다.

워커 교수는 1947년 2월 6일에 화이트 플레인즈 시에서 사망했다. 그의 아내는 1959년 6월 26일에 사망했다. 이 콜렉션은 화이트 플레인 시립 아카이브즈에 1992년 뮤리엘 워커의 요청으로 한 목사에 의해 기증되었다.

구성(Organization)

이 콜렉션은 다음 시리즈로 구성되어 있다.
1. 가족 기록
2. 알프레드 워커의 원 산문과 시
3. 미출판 악보
4. 출판 악보
5. 사진

요약 [범위와 내용 설명]

이 콜렉션은 워커 교수의 딸인 뮤리엘이 대표로 시에 기증한 것이다. 내용은 다음과 같다.

시리즈 1. 가족 기록에는 출생증명서, 귀화증명서, 여권, 프로그램, 뉴스 클립과 서신이 포함되어 있다.

시리즈 2. 알프레드 워커의 원 작품 시리즈는 워커 교수가 쓴 음악에 관한 책 초고와 3권의 회고록, 단편 소설, 연극 그리고 경제 이론과 협동조합운동에 관한 글을 포함한 에세이를 담고 있다. 워커 교수가 손으로 쓴 많은 노트와 시도 들어있다. 노트들은 정리가 되어 있지 않다.

시리즈 3. 미출판된 악보는 워커 교수가 학생들과 사용한 수기로 쓴 악보와 프린트된 악보로 구성되어 있다.

시리즈 4. 1920년대에 출판된 워커 교수가 쓴 다음의 작품에는 "Simplicity Waltz(3부)", "Antiphonal Studies(5부)", "When Someone Cares(31부)", "Slow and Steady, School March(13부)", "Bright and Early School March, to my class at St. Agnes Hospital(21부)" 그리고 "Bull Moose Waltz(2부)"가 포함되어 있다.

시리즈 5. 3개의 작은 사진 앨범과 미국과 영국에서 찍힌 다양한 크기의 가족사진 시리즈.

색인   없음

컨테이너 목록

시리즈 1. 가족 기록

상자 1

폴더 :

1. 귀화증명서 – 알프레드 워커 1909년 그리고 복사본 1916년 : 2건

2. 교사자격증 – 알프레드 워커 1897년, 1898년 : 2건

3. 출판증명서, 1920, 1924 그리고 피아노 건반 계획 1900년 : 7건

4. 캐슬린 위니프레드 워커에 대한 행정 편지, 1922년 : 1건

5. 출생증명서 – 마틸다 브리슬리 1865년, 이니드 워커 1889년, 캐슬린 위니프레드 워커 1891년, 알프레드 워커와 마틸다 브리슬리의 결혼 1889년 : 4건

6. 여권 – 캐슬린 "위니프레드" 워커 1916년, 여권수첩 "위니프레드" 워커 1920년 : 2건

7. 이니드 워커의 장례식에 관한 말소수표와 영수증 1920년 : 3건

8. 뮤리엘 워커에 관한 학교 증명서 1915년 : 1건

9. 찰스 브리슬리(Charles Brisley)의 주식 복사본 1863년 : 1건

10. 원본 시 – 알프레드 워커, 날짜 없음.

11. 알프레드 워커의 강의자료, 1926년 10월 : 5페이지

12. [캐슬린] 위니프레드 워커 추모를 위한 연설자료, 1921년 9월 21일 : 3페이지

13. 알프레드 워커를 위한 추모식, 1947년 2월 10일 : 2페이지

14. 프로그램—알프레드 워커 음악 학교 150번째 콘서트, 1929년 11월 15일 : 1페이지

15. 알프레드 워커의 첫 제자들의 콘서트, 뉴욕 태리 타운, 1903년 6월 4일 : 1페이지

16. 어빙턴(Irvington)과 태리타운의 음악의 밤 합동 공연 프로그램, 1908년 5월 18일 :
1페이지

17. 화이트 플레인즈 커뮤니티 교회 소식지, 1946년 1월 20일, 1946년 2월 10일 : 2건

18. 윈터 브리슬리 워커의 장례 기록, 1948년 6월 19일 : 1건

19. 찰스 브리슬리와 엘리자 케나드(Eliza Kennard)의 결혼 발표와 기념, 1903년 10월
4일 : 2건

20. 아들 토마스(Thomas)가 쓴 에덜리의 존 그리너(John Greener of Etherley)의 간
략한 전기, 1885년 : 1건

21. 화이트 플레인즈 시 아메리칸 지역 우체국 135에서 윈터에게 온 생일 카드 : 1건

22. 터키에서 온 연하장, 날짜 없음 : 1건

23. 워커 씨에게 온 1888년 편지, 이니드에게 온 1895년 편지 : 2건

24. 미국 영사 서비스에서 온 편지, 1922년 : 2건

25. 캐슬린 위니프레드 워커의 죽음과 관련된 편지 1921년 : 1건

26. 캐슬린 위니프레드 워커의 죽음과 관련된 편지 1921년 : 1건

27. 캐슬린 위니프레드 워커의 죽음과 관련된 편지 1921년 : 1건

28. 콘스탄티노플의 K. 피어스(K. Pearce)로부터 온 편지, 1923년 : 1건

29. 알프레드의 남자형제 아더(Arthur)에게서 온 편지, 1991년과 1917년 : 2건

30. 뉴욕 어빙턴에서 보낸 알프레드 워커가 쓴 1901년 편지 복사본, "현대 음악 기교
(Modern Musical Techniques)"에 관해 : 1건

31. 캐슬린 위니프레드 워커의 죽음과 관련된 편지 1922년 : 1건

32. "알프와 틸리(Alf and Tilly)"에게 온 편지, 1897년, 케임브리지의 밥(Bob)으로부터 : 1건

33. 알프레드 워커에게 온 다양한 서신 : 4건

34. 토비아스 맷헤이(Tobias Matthay)에게서 온 편지, 영국 런던 : 3건

35. 윈터 워커에 관한 재향군인회 편지 : 3건

36. 알프레드 워커 장례식 영수증, 1947년 : 1건

37. "친애하는 해리에게(Dear Harry)" 서명 없는 카본 복사본, 1922년 영국에서 : 1건

38. 화이트 플레인즈 커뮤니티 교회를 위한 기증, 감사장, 1921년 : 1건

39. 워커의 뉴스 클립핑 복사본

40. 영광의 찬가(Gloria), 헨리 보넬(Henry Bonnell)의 찬송가 : 1건

41. 알프레드 워커에게 온 편지, 협동조합운동에 관함, 1936년 : 1건

42. 석판 인쇄공 R. 드래퍼(R. Draper)가 스미스 앤 코(Wm. Smith & Co.)에게 쓴 편지 복사본, 1920년 : 1건

43. 브리슬리씨에게 온 그의 여자 형제, 영국의 샬롯 울링스 여사(Mrs. Charlotte Woolings)의 죽음에 관한 편지, 1948년 : 1건

44. 필라델피아 음악 선생님 연합회에서 온 편지, 1939년 : 1건

45. 마틸다 워커가 플리머스 락(Plymouth Rock)에서 한 탁본, 1911년 8월

46. 뮤리엘 워커의 WPHS 졸업장(1919) - 특대형 상자1 참조

47. 캐슬린 워커의 브루클린 컨저버토리 음악 학교(Brooklyn Conservatory of Music) 졸업장, 1915년 - 특대형을 참조

시리즈 2 : 원 산문과 시

상자 1

폴더 :

48. "이것이 영국의 첫 전화기였을까(Was This the First Telephone in England?)" 수기 에세이 : 1건

49. "커웬의 표기(Curwen's Notation)", 키스코 산(Mt. Kisco)의 펠로쉽 센터에서 읽은 글, 수기 : 1건

50. "손길(The touch of the Hand)", 공책에 쓴 단편소설 : 1건

상자 2

폴더 :

1. 다이어리(Appointment book) 1904년-1907년 : 학생 이름과 받은 액수 ; 다른 약속, ex)결혼식, 린드허스트 클럽(Lyndhurst Club) ; 돈 쓴 내용, ex)집세, 난로에 땔 석탄 ; 다양한 것들 ex)1905년 1월 21일 : "어떤 사람이 바그너 열풍(Wagner craze) 대신에 바하 열풍(Bach craze)을 보고 싶어한다. 그렇다면 전 세계의 음악적 성장에 대한 희망이 있는 것 같다." 날짜가 표기된 페이지 다음에 경제에 관한 긴 에세이가 있다. 돈, 은행 및 화폐, 부, 인플레이션, 신용, 금 보유에 관한 오류와 현대 금융에 관한 섹션도 들어 있다.

2. 회고록 1권

3. 회고록 2권

4. 회고록 3권

5. 기초 피아노포르테 튜터(Elementary Pianoforte Tutor), 책 초안

6. 기초 활 테크닉(Elementary Bow Techniques), 책 초안

7. 활에 관한 책(Book of the Bow), 책 초안
8. 스튜디오 스케치 : "음악 교육(Musical Education)"과 "지미의 꿈(Jimmie's Dream)"
9. "익명성(Anonymity)", 단편 소설

상자 3

폴더 :

1. "관악기(The Brass)"와 "학교 오케스트라(The School Orchestra)" 수기 에세이
2. "존스 가족은 집에(The Jones Family at Home)"와 "이웃과의 저녁(Evenings with Joneses)" 수기 에세이
3. "학교와 집에서의 음악(Music in the Home and the School)"
4. "파이낸셜리즘(Financialism)", "소비자 협동(Cooperation by Consumers)" 그리고 "이웃 협동(Friends Cooperate)"
5. 협동주의에 관한 제목 없는 에세이
6. 바이올린 책에 관한 메모와 "리제너레이터(Regenerators)"라는 A. 워커가 쓴 극본
7. 외부로 발송된 서신 복사
8. 다양한 메모와 시 – A.W.가 씀. 정리되어 있지 않음
9. 다양한 메모와 시
10. 다양한 메모와 시
11. 다양한 메모와 시
12. 다양한 메모와 시
13. 다양한 메모와 시
14. "Bull Moose" A.W.의 왈츠, 1912년 저작권
15. "The Antiphonal Study in Pianoforte Practice" 7부

시리즈 3 : 미출판 악보

상자 4 악보, 원본 – 정리 안됨
상자 5 악보, 원본 – 정리 안됨

시리즈 4 : 출판된 악보

상자 6 다음 작품은 워커 교수가 쓴 것으로 1920년대 출판되었다. "Simplicity Waltz"(4부), "Antiphonal Studies"(5부), "When Someone Cares"(31부), "Slow and Steady, School March"(13부), "Bright and Early School March, to my class at St. Agnes Hospital" (21부), 그리고 "Bull Moose Waltz"(2부)

시리즈 5 : 사진

상자 7 이 상자에는 3권의 작은 앨범과 다양한 크기의 가족사진이 들어있다.

▐ 예시 2 : 도시 법정 기록

뉴욕 주 화이트 플레인즈 시 아카이브즈

법정 사건 일람표(Justice's Court Dockets)

1820년 - 1853년

1권

연대 순

[배경 설명 없음]

내용[범위와 내용 설명]

빚 상환 혹은 물품 손해와 관련한 개인 소송 사건으로 이 책의 오직 25페이지만 채워져 있다. 원고, 피고 그리고 (때때로) 배심원들이 포함되어 있다.

시정 사건 일람표(Justice's Civil Dockets)

1912년 10월 21일 - 1920년 1월 12일

10권

연대 순 몇몇은 중복

[배경 설명 없음]

내용[범위와 내용 설명]

원칙, 청원 날짜, 원고와 증인이 맹세한 것, 결과를 보여주는 견본 인쇄. 알아보기 힘든 수기. 1권은 알톤 랄프(Alton Ralph) 판사의 것이고 나머지는 시민 판사(civil justice)인 버틀러(C. A. Butler)가 서명한 것. 대부분은 두 개의 섹션 "배심원 없는 재판"과 "배심원 재판"으로 되어 있다. 책의 상태는 나쁘다.

컨테이너 목록

상자 번호	날짜
1	1919년 - 1920년 (서비스 증명서)
2	1919년 - 1920년 (서비스 증명서)
3	1919년 - 1920년 (서비스 증명서)
4	1912년 10월 - 1915년 6월
5	1914년 1월 - 1915년 9월
6	1915년 9월 - 1917년 1월
7	1917년 1월 - 1917년 7월
8	1917년 7월 - 1918년 7월
9	1918년 7월 - 1920년 1월

■ 예시 3 : 여성 투표권자 연합 회의록(League of Women Voters Minutes)

뉴욕 주 화이트 플레인즈 시 아카이브즈

여성 투표권자 연합 회의록(League of Women Voters Minutes)

1967년 - 1979년

7권

연대 순

[배경 설명 없음]

내용[범위와 내용 설명]

이 공책에는 매달 열린 화이트 플레인즈 시 여성 투표권자 연합 이사회의 회의록이 포함되어 있다. 연례 회의와 특별 이사회, 회계담당자 보고서, 트라이-스테이트 위원회(Tri-State Committee)에서 온 쪽지(notes), 지역 프로그램 및 LWV의 소식지 "헤드라인" 몇몇 판본도 들어있다.

컨테이너 리스트

상자 1　회의록 1967-1969년

　　　　회의록 1970-1971년

상자 2　회의록 1971-1973년

　　　　회의록 1973-1974년

상자 3　회의록 1975-1977년

　　　　회의록 1978-1979년

　　　　학교　1961-1976년 (이 책은 연례 및 특별 회의 복사본으로 보인다)

▌예시 4 : 메리 찰스 에반스 커트라이트 기록(Mary Charles Evans Curtright Papers)

조지아 주 트룹 카운티 아카이브즈 (Troup County Archives, GA)

메리 찰스 에반스 커트라이트 기록(Mary Charles Evans Curtright Papers)

1851년 - 1950년, 1983년 - 1984년

매뉴스크립트 콜렉션 19번

출처(source) : 아칸사스 허버 스프링스(Herber Springs, Arkansas)의 모스 주니어 여사(Mrs. B. L. Moss, Jr.)의 기증, 1983년, 1984년

크기(size) : 0.05 1f [직선 피트]

선반 유닛(shelving units) : 1 매뉴스크립트 박스, 대형 페이지

처리(processing) : FPB, 1984년 4월

전기 배경 [배경 설명]

메리 찰스 에반스 커트라이트(1835-1908)는 조지아 라그란지(LaGrange)에서 토마스 크렌쇼(Thomas Crenshaw)와 로다 빌지 스완슨 에반스(Rhoda Bealsey Swanson Evans)의 딸로 태어났다. 커트라이트 여사는 미국 남북전쟁 전에는 라그란지 여자 학교(LaGrange Female Academy)의 선생님이었다. 그녀와 세 명의 다른 여선생님이 전쟁 동안 폐쇄한 학교를 다시 시작했다. 그녀는 라그란지의 사무엘(Samuel)과 바바라 맥코이 하우웰 커트라이트(Babara McCoy Howell Curtright)의 아들 존 코넬리우스 커트라이트(John Cornelius Curtright, 1830-1862)와 1855년 9월 25일에 결혼했다. 메리와 "잭(Jack)" 커트라이트는 3명의 자녀를 두었다. 안나 쿡(Anna Cook, 1856-1926)은 맥클루어(W. J. McClure)와 결혼했다. 사라 안투아네트(Sarah Antoinette, 1859-?)는 나중에 조지아 감리교 감독(Methodist Bishop of Georgia)이 된 워렌 캔들러(Warren A. Candler)와 결혼했다. 존 코넬리우스 커트라이트 주니어(John Cornelius Curtright Jr., 1861-1893)는 미주리(Missouri)의 비비아 실즈(Vivia Seals)와 결혼했다.

"잭" 커트라이트는 테네시 군대에 소속된 조지아 주 41st 연대 E중대 대위였다. 중대는 트룹 라이트 가드(Troup Light Guards) 그리고 커트라이트 중대라고도 알려졌다. 그는 1862년 10월 9일에 켄터키 페리빌(Perryville, Kentucky) 전투에서 사망했다. 1925년 캔들러 감독의 승인 아래 시체는 라그란지 힐뷰(Hillview) 공동묘지에 다시 묻혔다. 커트라이트 여사는 1908년 7월 3일에 트룹 카운티에서 사망했다.

범위와 내용 설명

이 기록은 주로 가족 편지, 사진, 스크랩북 페이지와 유품 그리고 족보 기록으로 구성되어 있다. 이 콜렉션은 3개의 시리즈로 나뉜다 : 서신, 족보학 그리고 다양한 것들. 신문 스크랩북, 편지들, 명함판 사진 앨범이 포함되어있다.

기록은 미국 남북전쟁 동안 남부의 노력과 재건, 라그란지 여자 대학 그리고 에반스와 커트라이트 가족과 관련 있다. 기록은 1851년부터 1950년까지 걸쳐있다. 기록은 1983년과 1984년의 추가적인 족보 정보도 들어있다.

시리즈 설명

서신, 1862년-1926년

18건

서신에는 존 코넬리우스 커트라이트가 1862년 10월 9일 켄터키 페리빌에서 죽기 3일 전에 쓴 편지가 포함되어 있다. 렌하드(J. W. Lenhard)가 1862년 10월 21일에 커트라이트 여사에게 보낸 편지에서 커트라이트 대위의 죽음을 알린다. 이 두 편지가 타이핑되어 글로 옮겨진 것이 포함되어 있다. 커트라이트 여사에게 온 남편의 죽음에 관한 다른 편지는 조지아 주 그린 카운티(Greene County)에 사는 그의 삼촌 존 커트라이트(John Curtright)에게서 1862년 12월 21일에 온 것이다. 다른 편지는 가족이나 친구들이 커트라이트 여사에게 보낸 것으로, 1867년부터 1894년에 걸쳐있다. 내용은 미시시피의 코호마 카운티(Coahoma County, Mississippi)나 조지아 그린 카운티의 재건 기간이나 가족 문제, 그녀의 아들 존 C. 커트라이트 주니어의 죽음에 관해서 다루고 있다. 마지막 5장의 편지는 커트라이트 여사의 딸 안나 커트라이트 맥클루어와 그녀의 손녀 메리 맥클루어 허친슨(Mary McClure Hutchinson)과 버지니아에 사는 먼 친척 윌리엄 셰퍼드(William Shepard) 간에 에반스 가족의 족보에 대해서 주고받은 편지로 모두 1926년에 작성되었다.

족보, 1850년, 1984년

4건

커틀라이트와 에반스 가족에 관한 족보 데이터에는 다음이 포함되어 있다. "피들러박사가 쓴 아우구스타 제인 에반스 윌슨의 전기에서 얻은 몇몇 에반스 정보(Some Evans Data Gained from the Biography of Augusta Jane Evans Wilson by Dr. Fidler)", 타자한 원고, 1950년경 엮은이 미상 : 포레스트 클라크 존슨 3세(Forrest Clark Johnson Ⅲ) "커트라이트 가족(The Curtright)", 트룹 카운티 조지아와 그녀의 사람들, 4권 1호 1984년 1월 : 가족 계보 차트 : 다양한 노트.

[다른 시리즈 기술은 이 예에서 생략한다]

■ 예시 5 : 메리 다게트 레이크 기록(Mary Daggett Lake Papers)

텍사스 주 포트 워스 공공도서관(Fort Worth Public Library)
메리 다게트 레이크 기록(Mary Daggett Lake Papers)

전기 배경 [배경 설명]

마리 다게트 레이크(1881-1955)는 C. B. 다게트(C. B. Daggett)의 아들인 E. M. 버드 다게트 (E. M. (Bud) Daggett)의 딸이다. C. B. 다게트는 "포트 워스의 아버지(Father of Fort Worth)" 라고 알려진 E. M. 다게트의 남자형제였다. 그녀는 포트 워스에서 태어났고 미주리 주 네바다(Nevada) 시의 코티 대학(Cottey College)에 입학할 때까지 공립학교에 다녔다. 1899년 3월 23일, 그녀는 지역 목장주 윌 레이크(Will F. Lake)와 결혼했다. 그녀의 주 관심사는 가드닝과 지역 역사였다. 그녀는 *포트워스 스타 텔레그램(the Fort Worth Star Telegram)*의 가드닝 페이지 편집자였고 포트워스 가든 클럽(Fort Worth Garden Club)의 창립 멤버였다. 그녀는 텍사스 가든 연맹의 회장이었고 전국 가든 클럽 협회 남서 지역부 (Southwest Regional division of the National Council of State Garden Clubs)에서도 일했다. 그녀는 1935년부터 보타닉 가든(the Botanic Garden)의 가든 디렉터 또한 맡고 있었다. 그리고 공원 위원회(Park Board)의 회장이자 멤버였다. 그녀는 또한 지역 역사에도 깊 이 관여하고 있었다. 그녀는 1920년대에 포트 워스의 첫 번째 100명 가족에 관한 연속 기사를 썼다. 그리고 포트 워스에 관한 기록을 모았다. 그녀는 "파란 보넷의 전설(The Legend of the Blue Bonnet)"이라는 브로슈어를 썼다. 또한 텍사스 가든 클럽 연합회의 공식 주제가 "당신은 봄에 텍사스에 가보았나요?(Have You Ever Been to Texas in the Spring)?"이라는 노래와 텍사스 공화국의 딸들(The Daughters of the Republic of Texas)의 공식 기념 노래인 "개척자 어머니(Pioneer Mother)"를 썼다. 그녀는 1955년 3월 1일에 사 망했다.

범위와 기술 [범위와 내용 설명]

시리즈 1 : 다게트 가족 기록, 1839년-1953년 (벌크 1870년-1890년)

이 시리즈에는 콜렉션에서 가장 오래된 자료가 포함되어있다. C. B. 다게트(1812-1888), E. B. 다게트(1838-1911), E. J. 다게트, E. M. 다게트(1810-1883), E. M. 버드(Bud) 다게트 (1850-1921), F. B. 다게트(1867-1939)와 J. P. 다게트(1895-1944)의 개인 기록으로 구성되 어 있다. 여기에는 편지, 증서, 타자기로 친 원고, 영수증, 약속 어음, 클립핑과 유언장이 포함되어 있다. 증서는 다게트 가족이 소유하고 있는 포트 워스 땅에 관한 것이다. 여기에는 멕시코 전쟁 동안 텍사스 주 기마경관이었던 존 헤이즈(John. C. Hays)의 서명이 들어있는 영수증도 포함되어 있다. E. M.과 C. B. 다게트 모두 이 전쟁에 참전했다. 많은 오래된 기록들이 이 시리즈에 포함되어 있다.

시리즈 2 : 전국 및 지역 역사

이 시리즈에는 메리 다게트 레이크가 포트 워스 스타 텔레그램에서 기사를 쓰기 위해 전국 및 지역 역사를 취재하면서 수집한 자료가 포함되어 있다. 여기에는 또한 그녀가 쓴 많은 기사들의 타이프한 원고가 들어있다. 또한 규제찬성자와 완화자 전쟁(Regulator and Moderator War)와 관련된 파일 폴더가 여러 개 포함되어 있으며 양측이 서명한 평화조약도 들어있다. 이 시리즈에는 그녀가 이베츠 할리(J. Evetts Haley)와 프랭크 도비(J. Frank Dobie)를 포함한 다양한 텍사스 역사가들과 주고받은 서신이 포함되어 있다.

[다른 시리즈 기술은 이 예에서 생략한다.]

■ 예시 6 : 케슬러 계획 기록(Kessler Plan Records)

달라스 시립 아카이브즈(Dallas Municipal Archives)
도시국장실, 달라스 시, 텍사스(City Secretary's office, City of Dallas, Texas)
케슬러 계획(Kessler Plan)

　1911년-1930년
　가이드 번호 51 (1911-1930)
　콜렉션 범위 : 1911-1930
　3인치 직선
　프린트된 자료

콜렉션 범위와 내용 설명

프린트된 자료는 도시 계획가 조지 케슬러(George E. Kessler)의 케슬러 계획을 도큐멘테이션하고 있다.

[배경 설명]

케슬러 계획은 달라스 시 주도의 성장 계획으로, 달라스가 키운 도시 계획가 조지 케슬러(George E. Kessler)가 세웠으며 1910년부터 1930년대 동안 진행되었다. 1909년에 달라스 상공회의소는 도시 계획 및 개선 모임(the City Plan and Improvement League)를 세웠고(나중에는 케슬러 계획 연합이라 불렀다), 케슬러를 고용하여 도시 개선을 위한 장기 계획을 세우게 하였다. 케슬러는 트리니티 강(Trinity River)의 통제 불가능한 범람, 위험한 철도 교차 그리고 좁고 굽이진 도심 거리를 포함한 도시의 많은 문제들을 해결하기 위한 계획을 그렸다. 계획은 당시에는 실용적이라고 여겨지지 않았기 때문에 실행되지 않았다. 그러나 변화가 필요하다는 것이 점차 명확해졌고 케슬러는 1918년에 다시 돌아와 달라스 자산가들의 연합(Dallas Property Owners' Association)을 위한 컨설팅 엔지니어로 활약하게 된다. 그리고 1919년에 달라스 상공회의소의 메트로폴리탄 개발 연합(Metropolitan Development Association)에서 일하기 시작한다. 그는 세인트 루이스(St. Louis)로 돌아가기 전인 1922년 1월 3일까지 달라스에 남아있었다. 비록 케슬러가 1923년 3월 20일 인디아나주 인디애나폴리스(Indianapolis, Indiana)에서 사망했지만, 트리니티(Trinity) 강은 개선되었고 제방 시스템은 1930년대에 완성되었다. 달라스를 위한 계획

이외에도 케슬러는 신시내티(Cincinati), 인디에나폴리스(Indianapolis), 클리브랜드(Cleveland), 엘 파소(El Paso), 덴버(Denver) 그리고 시라큐스(Syracuse)를 위한 도시 계획도 만들었다.

[범위와 내용 설명]

이 콜렉션은 하나의 시리즈, 즉, 케슬러 계획을 도큐멘테이션하고 있는 프린트된 자료를 포함한다. 자료의 대부분은 케슬러 계획 연합회나 달라스 상공회의소에서 홍보하기 위해 만든 출간자료이다.

[컨테이너 리스트]

폴더 1 : "달라스 도시계획" 출간 보고서, 달라스 공원 위원회, 1911년

폴더 2 : "달라스 도시 계획" 출간 보고서, 달라스 공원 위원회, 1911년 (3부)

폴더 3 : "달라스 케슬러 도시 계획" 출간 요약본, 1925년

폴더 4 : 프린트된 홍보자료와 케슬러 계획에 관한 같은 내용의 편지 (7건), 1925-26년

폴더 5 : "달라스 제조 시설 및 기회" 출간 보고서, 1928년

폴더 6 : *달라스*, 1929년 7월 [달라스 상공회의소 공식 출간물]

폴더 7 : "'우리 도시'는 무엇을 필요로 하고 있는가?", 존 슈라트(John E. Suratt), 케슬러 계획 연합 사무국장의 텍사스 위치타 폴즈 여성 포럼(Woman's Forum of Wichita Falls)에서 연설한 연설문 출판본, 1930년

폴더 8 : 달라스 시를 위한 구역 법령 제안(Proposed Zoning Ordinance for the City of Dallas), 출간 예비 복사본, 날짜 없음

■ 예시 7 : 맥파란 콜렉션(McParlan Collection)

뉴욕 주 화이트 플레인즈 시 아카이브즈

1887년-1939년

[배경 설명 없음]

내용 [범위와 내용 설명]

마일드레드 램버트 맥파란(Mildred Lambert Mcparlan)은 평생동안 화이트 플레인즈 시에서 살았다. 그의 아버지는 엔지니어였고 이 작은 콜렉션은 그의 철도에 관한 관심사를 반영하고 있다.

[컨테이너 목록]

폴더 1 : "화이트 플레인즈 데이 프로그램", 뉴욕, 웨스트체스터와 보스턴 철도 개통 축하식, 1912년 8월 10일

폴더 2 : "엔지니어링 뉴스"에서 가져온 한 페이지, 1911년 – 게드니 웨이(Gedney Way) 근처 건설 사진이 들어있는 대서양 굴착기(Atlantic Steam shovel) 광고

폴더 3 : 결혼 공고 – "램버트와 함몬드, 1891년 1월 29일" 리지 함몬드(Lizzie Hammond)와 윌리엄 램버트(William Lambert), 둘 다 플레전트빌(Plasantville) 출신

… [이 예에서 생략된 폴더]

폴더 9 : 공동묘지 증서, 1887년 7월 11일. 헨리 뱅크스(Henry R. Banks)가 피비 램버트(Phebe A. Lambertt)와 자넷 뱅크스(Janet Banks)에게 ; 메모리얼 감리 주교 교회, 189 철도대로, 1912년 5월 12일 달력.

폴더 10 : "허드슨 강", 메인 주 포틀랜드(Portland, ME)의 넬슨(L. H. Nelson Co.)사에서 발행. 1906년 32pp

폴더 11 : 코트 스퀘어 극장, 1911-1912년 시즌, 지역 상인을 위한 광고가 들어있는 6개 소식지. .

… [이 예에서 생략된 폴더]

폴더 14 : 사진 : 코트 거리 학교(Court St. School) 1904년, 1906년, 1907년

폴더 15 : 사진, 알 수 없는 아이들 무리, 약 1909년, 아이들 1906년 10월 30일

폴더 16 : 사진, "첫 연간 비프스테이크 파티, 뉴욕, 웨스트체스터와 보스턴 철도. 스트로브(Stroub's)에서 1912년 3월 23일"

폴더 17 : 화이트 플레인즈 지역의 토양 조사, 미국 농업국, 1922년

■ 예시 8 : 검색도구 템플릿(Finding Aid Template)

 **조지아 역사 협회**

ⓤ31401   조지아 주 사바나 휘태커 거리 501
전화번호 912-651-2125 | 팩스 912-651-2831 | www.georgiahistory.com

콜렉션 요약

콜렉션 번호   [MS 번호; DACS 2.1; MARC 099]

콜렉션 제목   [콜렉션 명; DACS 2.3 ; MARC 245]

날짜   [콜렉션 자료의 날짜, DACS 2.4 ; MARC 245]

크기   [컨테이너의 수와 종류] [(콜렉션 전체 입방 피트)] [DACS 2.5 ; MARC 300]

생산자/수집자   [조지아 역사 협회(GHS)로 획득되기 전에 기술된 자료를 수집(assembly)하거나, 생산 혹은 엮은 개인이나 기관의 정식 명칭을 쓰시오] [DACS 2.6 & Chapter 9; MARCH 100,110,245,600]

획득 정보   [이름]의 기증 [년도], 구매, [년도], 혹은 알 수 없음. [DACS 5.2 ; MARC 584]

증가분(Accruals) 증가분은 받지 않거나 예외적이다. [증가, 가령 매년, 만약 알고 있다면], [DACS 5.1 ; MARC 584]

보관 기록(Custodial history) [이 요소는 기술된 자료가 생산자에게서 떠나 GHS로 들어올 때까지 소유권 혹은 권리 변경에 관한 정보를 알려준다. 만약에 정보가 없다면 "알 수 없음" 혹은 "생산자(만약 적용 가능하다면, 수집가)로부터 획득된 자료"라고 써라] [DACS 5.1 ; MARC 561]

언어   콜렉션 자료는 [언어]로 되어 있다. [DACS 4.5 ; MARC 546]

서고   조지아 역사 협회, 사바나, 조지아. [DACS 2.2 ; MARC 852]

처리(processed by) [이름], [년도] : 재처리 [이름], [년도] [만약 적용가능하다면] 혹은 알 수 없음, [년도] 혹은 알 수 없음. [DACS 1.8 ; MARC 583]

보존 설명   [어떤 구체적인 보존 처리에 대해서 기술(예 : 일본 종이 강화) 혹은 "적용가능하지 않음"을 기입] [DACS 7.1 ; MARC 500]

권한과 접근

접근 제한 [DACS 4.1 ; MARC 506]

콜렉션은 연구를 위해서 공개가능하다.

혹은

콜렉션 자료는 [수]년 동안 제한된다.

혹은

이 콜렉션의 어떤 부분은 [수]년 동안 제한된다.

혹은

시리즈/서브시리즈 [번회]는 [수]년 동안 제한된다.

등

물리적 접근 제한 [DACS 4.2 ; MARC 506]

[이 요소는 자료의 물리적 상태 때문에 사용을 제한하는 (가령 수해) 접근 제한이나 보존상의 이유로 원본 대신 복사본, 디지털 이미지 혹은 마이크로필름 사용을 요청하기 위한 정보를 제공하기 위함이다. 만약에 그런 제한이 없다면 "없음"이라고 써라]

기술적 접근 제한 [DACS 4.3 ; MARC 538]

[이 요소는 기술된 자료에 접근하는 데 영향을 주거나 제약을 두는, 가령 장비나 특정 하드웨어/소프트웨어 같은, 어떤 기술적 요구 때문에 접근 제한을 두는 것에 관한 정보를 제공한다. 예를 들어 "조지아 역사 협회는 오디오 기록 및 비디오 기록의 사용을 위해 필요한 재생 기기를 보유하고 있지 않습니다" 만약 다른 제한이 없다면 "없음"이라고 써라.]

출판권한 [DACS 4.4 ; MARC 540]

저작권은 조지아 역사 협회에 있지 않다. 출판이나 인용 허가 요청은 도서관 및 아카이브즈 부서(the Division of Library and Archives)에 서면으로 제출해야 한다. 출판 허락은 물리적 아이템의 소유권자로서 조지아 역사 협회가 대신하여 부여할 수 있다. 그렇다고 해서 이것이 저작권자의 허락을 포함하거나 의미하지는 않는다. 따라서 저작권자의 허락은 연구자가 구해야 한다.

혹은

저작권은 조지아 역사 협회에 있다. 출판 및 인용 허가 요청은 도서관 및 아카이브즈 부서에 서면으로 제출해야 한다. 출판 허가는 물리적 아이템의 소유자로서 그리고 기증자가 생산한 아이템의 저작권 소유자로서 조지아 역사 협회가 대신해서 부여한다. 비록 저작권이 기증자에 의해 이관되었지만 어떤 건의 저작권은 여전히 각각의 생산자에게 있을 수 있다. 더 많은 정보를 위해서는 도서관 및 아카이브즈 부서로 연락하기 바란다.

연구자를 위한 정보

우선 인용(preferred citation) [DACS 7.1 ; MARC 524]

[건 식별], [콜렉션 제목], [콜렉션 번호], 조지아 역사 협회, 사바나, 조지아

연관 콜렉션 [적용가능한 많은 콜렉션을 기입] [DACS 6.3 ; MARC 544]

[콜렉션 제목], [콜렉션 번호]

[콜렉션 제목], [콜렉션 번호]

[콜렉션 제목], [콜렉션 번호]

분리되어 있는 자료 [DACS 6.3 ; MARC 544]

[책, 연재물, 공예품 등]은 콜렉션과 분리되었고 따로 목록정리가 되어있다. 만약에 분리된 부분이 없다면 "없음"이라고 써라.

출간된 기술 [DACS 4.6 ; MARC 555]

[기술된 자료에 대한 다른 검색도구 식별, 가령 출판된 작품 혹은 온라인 검색을 위한 URL. 해당사항이 없으면 "해당사항 없음"이라고 써라.]

원본 위치 [DACS 6.1 ; MARC 535]

[다른 곳에서 사용 가능한 자료의 복사본이나 다른 재생품의 존재, 위치 그리고 이용 가능성에 대한 정보(예 : 다른 곳에서 이용 가능한 콜렉션 마이크로필름). 해당사항이 없으면 "해당사항 없음"이라고 써라.

출판 설명 [DACS 6.4; MARC 581]

[기술된 자료의 사용, 연구 혹은 분석에 기반을 두거나 아니면 이에 관한 출판물 식별(예 : 잡지에 나온 주석달린 버전의 편지). 해당사항이 없으면 "해당사항 없음"이라고 써라.

주제 제목 [MARC 600 분야]

[미의회도서관에서 공인한 적절한 주제 제목, AAT에서 알 수 있는 형태/장르 형태 그리고/ 혹은 DACS를 사용해서 만든 이름을 나열하라]

전기 정보/ 조직 역사

[DACS 10장, MARC 545]
[섹션 제목을 적절하게 고르고, 전기 정보 혹은 조직 역사를 써라]

범위 및 내용 [DACS 3.1; MARC520]
[콜렉션 레벨에서 범위와 내용을 써라]

콜렉션 인벤토리

시리즈 1 : [제목, 포괄적 날째]

이 시리즈는 [시리즈 범위와 내용 설명]을 포함하고 있다.

폴더 제목	컨테이너 번호	폴더 번호
[폴더제목, 날째	[번호]	[번호]
[폴더제목, 날째	[번호]	[번호]
[폴더제목, 날째	[번호]	[번호]
[폴더제목, 날째	[번호]	[번호]
[폴더제목, 날째	[번호]	[번호]
[폴더제목, 날째	[번호]	[번호]
[폴더제목, 날째	[번호]	[번호]
[폴더제목, 날째	[번호]	[번호]
[폴더제목, 날째	[번호]	[번호]
[폴더제목, 날째	[번호]	[번호]
[폴더제목, 날째	[번호]	[번호]
[폴더제목, 날째	[번호]	[번호]

시리즈 2 : [제목, 포괄적 날째]

이 시리즈는 [시리즈 범위와 내용 설명]을 포함하고 있다.

혹은

이 시리즈는 두 개의 서브시리즈로 되어 있다. 2.1[제목]과 2.2[제목]. [만약에 서브시리즈가 있다면 여기에서 나열해라. 만약 필요하다면 간략한 범위와 내용 설명을 포함해도 좋다]

서브 시리즈 2.1 [서브 시리즈 제목, 포괄적 날째

이 서브 시리즈는 [서브시리즈 범위와 내용 설명]을 포함하고 있다.

폴더 제목	컨테이너 번호	폴더 번호
[폴더제목, 날째	[번호]	[번호]
[폴더제목, 날째	[번호]	[번호]
[폴더제목, 날째	[번호]	[번호]
[폴더제목, 날째	[번호]	[번호]
[폴더제목, 날째	[번호]	[번호]
[폴더제목, 날째	[번호]	[번호]

서브 시리즈 2.2 [서브 시리즈 제목, 포괄적 날짜]

이 서브 시리즈는 [서브시리즈 범위와 내용 설명]을 포함하고 있다.

폴더 제목	컨테이너 번호	폴더 번호
[폴더제목, 날짜]	[번호]	[번호]
[폴더제목, 날짜]	[번호]	[번호]
[폴더제목, 날짜]	[번호]	[번호]

시리즈 3 : [제목, 포괄적 날짜]

이 시리즈는 [시리즈 범위와 내용 설명]을 포함하고 있다.

폴더 제목	컨테이너 번호	폴더 번호
[폴더제목, 날짜]	[번호]	[번호]
[폴더제목, 날짜]	[번호]	[번호]
[폴더제목, 날짜]	[번호]	[번호]
[폴더제목, 날짜]	[번호]	[번호]
[폴더제목, 날짜]	[번호]	[번호]
[폴더제목, 날짜]	[번호]	[번호]

■ 예시 9 : 전자 기록 검색도구

영국 국가기록원(National Archives, UK)

시리즈 참조 JA 3 (Series reference JA 3)

보건부: 해부 조사단: 등록(데이터세트)(Department of Health: Anatomy Inspectorate: Registers (Datasets))

기록 요약

제목   보건부: 해부조사단: 등록(데이터세트)

범위와 내용   해부 데이터세트는 두 섹션으로 나뉜다. 해부연구를 위해 기증된 시체 목록 및 해부 학교에 의한 시체 처리. 목록(tables)은 다음 정보를 포함하고 있다.

데이터세트는 각각 25개의 해부실에서 시체 수용과 처리에 사용된 AA2와 AA4 양식(form)의 통계보고 처리를 통제하기 위해 사용되었다. 그것은 영국과 웨일즈의 대학이나 병원에 있는 39개의 유명한 해부 학교가 연구 목적으로 시체를 수용한 바와 그 시체의 이후 처리까지를 다루고 있다. 학교는 지방 학교와 런던 학교로 나뉜다. 이 학교들은 차례로 더 큰 기관에서 시체를 받는 다양한 "위성" 학교를 가지고 있다. 지역 학교에는 버밍엄, 브리스톨, 케임브리지, 카디프, 리즈, 레스터, 리버풀, 맨체스터, 뉴캐슬, 노팅엄, 옥스포드, 셰필드, 사우스햄턴이 있다. 도시 학교에는 체링 크로스 병원, 세인트 마리 병원, 유니버스티 대학, 런던 병원, 가이즈 병원이 있다. 런던과 지방의 다양한 위성 학교로는 브라이튼, 클뤼드, 세인트 앤드류즈, 킬, 루보로, 노르위치, 너트필드, 플리머스, 스윈든, 오스웨스트리 그리고 AECC(AngloEuropean College of Chiropratic)가 있다.

목록은 다음 정보를 포함하고 있다.

허가받은 학교의 시체 수용을 기록한 AA2 양식의 인수 날짜

죽은 사람의 정식 이름(full name), 성별 그리고 죽은 나이

날짜, 원인 그리고 사망 장소

시체를 받은 허가 받은 학교 명칭과 주소 및 받은 날짜

시체 사용 권한이 있는 사람의 이름과 주소

장기 부속을 보유할 수 있는 허가

시체 관련 서명할 수 있는 면허 있는 사람

화장 혹은 매장인지 시체 처리 방법, 날짜 및 장소

시체 처분에 서명할 권한을 가진 첫 번째부터 다섯 번째까지 사람 및

면허 보유 선생님

시체 처분을 기록한 AA4 양식 날짜

생산된 보고서에는 해부학 실험에 사용된 모든 시체 리스트, 3년 제한 기간을 넘긴 모든 시체, 학교에서 사용 중인 시체와 학교에 인수된 시체 리스트가 포함되어 있다.

인간조직법(the Human Tissue Act, 2004년)이 2006년 9월 1일 시행되면서, 해부법(the Anatomy Act, 1984년)은 폐지되었다. 새 법은 많은 중요한 변화를 가져왔다. 이 변화는 해부학 선생님에게 면허 발급 중단과 AA2/AA4 양식의 폐지 및 연관된 해부 데이터베이스를 포함하고 있다.

이 시리즈의 데이터세트는 도큐먼츠온라인(DocumentsOnline)를 통해 이용 가능하다. 각 데이터베이스세트로의 링크도 피스 레벨(piece level)에서 찾을 수 있다.

다루고 있는 날짜(Covering dates) 1992년-2003년

정리 *하드웨어* : 데이터베이스는 IBM-호환 PC에서 생산되었다.

운영시스템 : 원래 윈도3.1. 그러나 나중에 이후 버전의 마이크로소프트 윈도로 업그레이드되었다.

응용 소프트웨어 : 원래는 마이크로소프트 엑셀 스프레드시트(버전은 알 수 없다)로 되어 있었다. 매년 4개가 생산되어 2개의 카테고리 즉, 런던과 지방으로 1992년부터 1995년까지 나뉘었다. 이 정보는 마이크로소프트 액세스 버전 2.0(Microsoft Access, version 2.0)으로 1995년에 변환되었다. 액세스는 처음 이관되었을 때는 해부 데이터베이스로 사용되기 위해 커스터마이즈되어 있지 않았으나 1999년에 시스템이 개편되어 더 많은 테이블과 쿼리 폼, 그리고 보고서를 포함하게 되었다. 다른 응용 소프트웨어로는 크리스탈 리포트(Crystal reports) 버전 2.0(데이터베이스 구조), 포어프론트 포어헬프(Forefront Forehelp) 버전 1.04(온라인 도움말 생성기), VB 툴즈 버전 4.0 - 날짜 입력 포맷을 위한 커스텀 컨트롤이 있다.

어떻게 데이터가 원래 획득(capture)되었고 유효하게 되었나? : 온스크린(Onscreen) 형태

연관있는 자료 더 이전 (종이) 등록은 MH74를 참조하라

보관소(Held by) 영국 국가기록원, 큐(Kew)

이전 참조(Former reference(PRO)) CRDA/21

법적 상태 공공기록

언어 영어

생산자명   보건부 해부 조사단 1988-

물리적 기술   3개의 데이터세트와 도큐멘테이션

이용 접근 제한   권한과 관련된 영역과 해부학 데이터세트의 권한자의 이름 및 주소는 비공개
이다. 나머지 영역 및 도큐멘테이션 영역은 공개이다. 데이터세트는 크라운 저작
권(Crown Copyright)을 적용받는다. 개인 연구나 리서치를 위해서만 복사 가능하
다. 데이터 보호법(Data Protection Act)도 적용받는다.

접근 조건   다른 말이 없다면 열려있음

즉각적인 획득 출처   2010년 영국 디지털 아카이브 데이터세트(the United Kingdom National Digital
Archive of Datasets)

보관 기록(custodial history)   원래 보건부에서 이관. 영국 디지털 아카이브 데이터세트(NDAD)
가 영국 국가기록원(TNA)로 이관하는 2010년까지 데이터세트를 보유했다.

평가/폐기 정보   이 기록을 보존해야 하는 법적 의무가 있다고 여겨졌다. 이것은 잘못된 것이
었다. 1988년에 만들어진 규정은 1984년의 해부법의 시행과 함께 동반되었는데,
면허소지자가 시체를 폐기한 날짜로부터 5년간 해부학 실험을 위해 기증받은 시
체에 대한 기록을 보유할 것을 규정해두었다(이것은 사망일로부터 최대 8년에
해당한다. 왜냐하면 전체 시신을 보유해야하는 규정이 3년으로 제한되어 있기
때문이었다). 시체의 부속의 경우 – 최대 보유기간이 정해져있지 않다– 규정에서
는 마지막 부분이 처리될 때까지 기록은 면허소지자가 기록을 보유해야 한다고
정해두고 있다.

증가분(Accruals)   시리즈가 누적되고 있지 않다.

검색도구, 출간되지 않은 검색도구   확장된 도큐멘테이션 9개 문서, 문서 생성일 : 1994년-2004년

행정력, 행정적/전기적 배경   해부 데이터세트는 보건부의 해부실에서 엮은 데이터를 포함한다.
해부 연구를 위해 기증된 시체들의 인수와 처리에 관한 1984년 해부법과 1988년
규정의 요구사항을 수행하는 과정에서 생긴 기록이다. 데이터세트는 하드 카피
등록, 파일 및 보고서의 전자 버전으로, 왕립 해부조사관(Her Majesty's Inspector
of Anatomy)에서 1832년부터 생산된 기록과 유사하다. 데이터베이스는 1992년에
도입이 되었고 1995년까지 종이 기록과 병행되었다. 1832년 해부법은 모든 조사
관은 분기별로 장관에게 해부 연구에 사용된 죽은 사람의 시체에 대해서 "구분
되는 성별, 당시에 알려진 것에 한해 각각의 이름, 나이"를 보고할 것을 규정해
두었다. 친족의 동의를 조건으로 시신이 해부 연구를 위해 기증되었다는 서면이
나 구두상의 증거 및 사망증명서가 있어야 그 사람이 죽은 장소에서 다른 곳으
로 옮겨질 수 있었다. 같은 법은 해부 연구를 위해 시신을 받은 기관은 시신보

유 증명서와 함께 죽은 사람에 관한 세부사항을 제공하는 보고서를 조사관에게 보내도록 정해두었다. 1961년 인간 조직법은 1902년과 1952년 화장법(the cremation acts)과 더불어 시체의 화장을 허용했다. 1984년 법과 1988년 규정은 모든 해부를 연습할 면허를 받은 사람은 각각의 해부 샘플과 관련된 명세를 담은 기록을 축적하고 유지해야 한다고 정해두고 있다.

해부 연구에 사용된 시체는 1984년 해부법과 1988년 해부 규정에서 제시된 바와 같이 예외적 상황이 아니라면 받은 지 3년 이내에 폐기되어야 한다.

해부 데이터베이스는 이용자에 따르면 이전의 하드 카피 등록에 비해서 시간을 절약할 수 있는 효과적인 시스템이다. 해부실의 AA2와 AA4 양식으로 된 데이터세트 보고서는 보건부 부서기록관리담당자에게 기록 생산이 생산된 5년 후에 제출된다. 그러나 내용은 전자적 접근 데이터베이스에 영원히 보관된다.

색인 용어 주제 해부

연습문제와 답

(각 문제의 답은 문제 다음 페이지에 수록하였다)

■ 연습문제 A : 콜렉션의 생산자/엮은이 파악하기

지시사항 :

좋은 콜렉션 제목에는 보통 (1) 콜렉션을 생산하거나 엮은 사람 혹은 개체의 이름이 포함되어 있고 (2) 콜렉션을 설명해주는 단어나 어구가 뒤에 따라온다. 아래의 콜렉션 각각에 제목을 지어라.

콜렉션 1　16장의 원본 수기 편지. 모두 지역 작가인 메러디스 에머슨(Meredith Emerson)의 서명이 담겨있고 16명의 다른 사람에게 보내졌다. 당신이 아카이브즈에 오기 전부터 있었고 어떻게 들어왔는지에 대한 설명은 없다.

콜렉션 2　4장의 뉴타운(Newtown) 지도. 하나는 선거구를 보여주고, 다른 두 장은 도로를, 나머지 한 장은 지역 버스 노선을 보여준다. 지역 주민인 마크 햄프턴(Mark Hampton)이 아카이브즈에 가져왔다. 그는 지역 벼룩시장에서 이 지도를 구했고 아카이브즈에 필요할 것 같다고 생각했다고 한다.

콜렉션 3　이 콜렉션에는 4권의 일기가 들어있다(두 개는 사만사 히긴스(Samantha Higgins)의 것이고 하나는 남편 조지(George)가, 다른 하나는 아버지 윌리엄 메리트(William Merritt)가 쓴 것이다). 더불어 4개의 서신 폴더(조지 히긴스가 아내 사만사에게 쓴 82장의 편지와 버티(Bertie)라는 사람에게서 조지에게 온 6장의 편지), 앞에 사만사라고 연필로 이름이 적힌 1권의 학교 연감, 조지 히긴스가 버뮤다에서 찍은 1장의 사진도 들어있다.

콜렉션 4　400장의 뉴타운 지도. 지도는 1812년부터 현재까지 걸쳐 있으며, 故 조나단 머독(Jonathan C. Murdock) 씨가 아카이브즈에 유증했다. 그는 평생동안 뉴타운 지도를 수집했다.

콜렉션 5　3권의 일기(1권은 산드라 스카포니(Sandra Scarponi)가 쓴 것이고 2권은 그녀의 남자 형제 지미(Jimmy)가 쓴 것이다), 16장의 사진(10장의 산드라 사진과 6장의 지미 사진), 버사 스카포니(Bertha Scarponi)에게 보내는 14장의 편지(12장은 그녀의 딸 산드라로부터, 1장은 남편 레니(Lennie)로부터, 나머지 1장은 그녀의 아들 지미로부터 온 것이다); "나의 아내에게 – 기념일 축하합니다. 레니"라고 적혀있는 하나의 축음 기록. 이 기록들은 당신이 아카이브즈에 오기 전부터 있었고 어떻게 들어오게 되었는지에 대한 설명은 없다.

콜렉션 6   유나이티드 후크 앤 래더 파이어 컴퍼니(United Hook and Ladder Fire Company)의 3권(첫 번째 권은 회원 리스트, 두 번째는 화재신고전화 리스트, 마지막은 소방서 메모장이다).

연습문제 A 답

콜렉션 1은 아마도 편지의 저자가 아닌 사람이 콜렉션을 엮었다는 점에서 까다롭다. 왜냐하면 모두 다른 수신자에게로 보내졌기 때문이다. 만약에 편지가 복사본이라면 작가가 기록으로 간직하기 위해 만든 복사본이라고 추측할지도 모른다. 누가 이 편지들을 모았는지 모르기 때문에 우리는 이 기록과 밀접하게 연관이 있는 사람인 메러디스 에머슨의 이름을 따서 콜렉션 명을 지어야 한다. 이 콜렉션을 "메러디스 에머슨 기록(Meredith Emerson Papers)"이나 더 구체적으로 "메러디스 에머슨 편지(Meredith Emerson Letters)"라고 할 수 있겠다.

마크 햄프턴이 **콜렉션** 2를 생산하거나 엮었는가? 대부분의 아키비스트들은 아마도 그가 그러지 않았다고 말할 것이다. 그는 단지 모아서 아카이브즈에 주었을 뿐이다. "마크 햄프턴의 지도 콜렉션(Mark Hampton Map Collection)"이라고 불러도 무방할 것이다(만약 별다른 것이 없다면 이 제목은 기증자를 강조해줄 것이다). 그러나 이것은 또한 "뉴타운 지도 콜렉션(Newtown Map Collection)"이라고 불릴 수도 있다. 한편 많은 아카이브즈는 이것을 하나의 콜렉션으로 취급하지 않는다. 이 지도를 포함하는 인공적인 콜렉션을 만든다.

　많은 아카이브즈에서 만약 어떤 사람이 더 큰 기록 콜렉션의 부분이 되지 않는 몇 장의 지도(사진, 엽서 등)을 기증한다면 여느 다른 인수처럼 똑같이 인수 양식에 기록된다. 그러나 그 건들은 비슷한 방식으로 기증되어진 다른 지도(사진, 엽서 등)과 같이 놓여진다. 여기에는 각각 번호가 매겨지고 (이 매뉴얼의 나중에 논의된) 시리즈 기술 양식의 컨테이너 목록에 나열된다. 아카이브즈가 "인공적인 지도 콜렉션"을 만드는 것이다. 인공적인 콜렉션은 이 질문에서 설명된 것 같은 작은 규모의 기증을 다룰 때만 사용되어야 한다.

콜렉션 3은 사만사 히긴스의 결과물일 가능성이 높다. 서신의 대부분은 그녀가 받았고 (그래서 아마도 그녀가 같이 보관했을 것이다), 일기의 대부분은 그녀의 것이며, 그녀 남편의 사진도 아마도 그녀의 것이었을 것이다. 다른 건들(가령, 그녀 아버지나 남편의 일기)은 어떤 이유에서 그녀가 모은 기록이다. 비록 콜렉션은 "히긴스 가족 기록(Higgins Family Papers)"라고 불릴 수 있겠지만 더 정확하게는 "사만사 히긴스 기록(Samantha Higgins Papers)"라고 할 수 있을 것이다.

콜렉션 4는 콜렉션 2와는 달리 체계적으로 한 사람에 의해서 엮어졌다. 이 콜렉션의 적절한 제목은 "조나단 머독의 지도 콜렉션(Jonathan C. Murdock Map Collection)" 혹은 더 구체적으로 "조나단 머독의 뉴타운 지도 콜렉션(Jonathan C. Murdock Collection of Maps of Newtown)"이라고 할 수 있다.

콜렉션 5는 엮은이나 생산자가 분명하지 않다. 전체 스카포니 가족의 결과물일 수 있다. 많은 기록이 다른 가족 구성원이 아닌 산드라에 의해서 만들어졌다는 사실은 중요하지 않다. 왜냐하면 그녀가 콜렉션의 다른 기록을 엮었는지에 대한 증거가 없기 때문이다. 이 콜렉션은 "스카포니 가족 기록(Scarponi Family Papers)"이라 제목 지으면 된다.

콜렉션 6은 한 화재 회사의 결과물이다. 그러니 "유나이티드 후크 앤 래더 화재 회사 기록(United Hook and Ladder Fire Company Records)"라고 제목 지으면 된다.

█ 연습문제 B : 콜렉션 내의 시리즈 발견하기

지시사항 :

아래의 기록은 하나의 콜렉션 "그리터 가족 기록(Greeter Family Papers)"에 속해있다. 아래에 보이는 순서대로 상자에서 자료를 꺼냈다. 폴더나 묶음 바깥쪽에 적힌 것은 볼드체로 되어 있는 부분이다. 다른 텍스트는 기록에서 관찰할 수 있는 정보이다. 시리즈를 어떻게 만들지 설명하라.

목재 송장(Lumber Invoices)

송장 복사본이 들어있는 6개의 폴더. 각각의 제목은 "그리터 목재 회사(Greeter Lumber Company)" 라고 되어 있고 존(John) 혹은 로라 그리터(Laura Greeter)의 서명이 되었다. 모든 송장은 1890년 에서 1900년 사이의 것이다.

목재 송장(Lumber Invoices)

송장 복사본이 들어있는 13개의 폴더. 각각의 제목은 "그리터 목재 회사(Greeter Lumber Company)" 라고 되어 있고 존(John) 혹은 로라 그리터(Laura Greeter)의 서명이 되었다. 모든 송장은 1901년 에서 1920년 사이의 것이다.

서신(Correspondence)

고객에게서 온 34장의 편지가 들어있는 1개의 폴더. 모든 편지는 "그리터 목재 회사"로 온 것이고 1896년에서 1911년 사이에 도착한 것이다.

존(John)

10개의 문서가 들어있는 1개의 폴더. 모든 편지는 존 그리터에게서 로라 그리터에게로 보내 진 것이고 1890년에서 1895년 사이의 것이다.

1913

로라 그리터가 보관하고 있던 일기 1권

애디론데크스 여행(Adirondacks Trip)

존 그리터가 1917년에 이끌었던 보이스카웃 캠핑 여행에 관한 6개의 문서를 담고 있는 1개 의 폴더.

리더쉽 훈련(Leadership Training)

1918년 보이스카웃 리더로써 존 그리터의 훈련과 관련된 20개의 문서를 담고 있는 1개의 폴더.

공훈 배지(Merit Badges)

1917년 존 그리터의 보이스카웃에서 공훈 배지를 받은 소년들과 관련된 3개의 문서가 담긴 1개의 폴더.

연습문제 B 답

생산자들이 기록을 사용하던 당시에 아마도 이렇게 그룹핑했을 것으로 여겨지는 방식을 찾아내려한다는 점을 기억하는 것이 중요하다. 당신 스스로에게 던져야 할 질문은 "이 기록이 어떤 활동과 연관이 있는가?"와 "이것과 같은 활동에 연관된 다른 기록이 있는가?"이다. 이 질문들에 기초해서 기록은 다음과 같은 시리즈로 나뉠 수 있다.

시리즈 1 **사업 기록(Business Records)**
       목재 송장, 1890-1900
       목재 송장, 1901-1920
       사업 서신, 1896-1911
시리즈 2 **개인 기록(Personal Papers)**
       존 그리터의 편지, 1890-1895
       로라 그리터의 일기, 1913
시리즈 4 **보이 스카웃 기록(Boy Scout Records)**
       애디론데크스 여행, 1917
       리더쉽 훈련, 1918
       공훈 배지, 1917

    가족 사업을 유지하는 것은 시리즈 1에 반영되어 있는 활동이다. 기록은 보여지는 순서대로 아카이브즈에 도착했기 때문에 아마도 같이 보관되어졌을 것이다. 그리고 첫 번째 두 폴더의 경우에는 내용은 동일하다. 만약 당신이 매우 구체적이고 싶다면, 이것을 두 개의 시리즈로 나누어도 된다. 하나는 송장 그리고 다른 하나는 사업 서신으로 말이다. 이것은 많은 아카비스트들이 기록을 그룹화하는 방법이다. 왜냐하면 이런 그룹핑이 계산서 발행과 서신 교환에 관련된 각각의 활동을 더 명확하게 강조해주기 때문이다. 이렇게 구분하는 것은 만약에 사업 기록의 양이 많다면 특히 유용하다. 그러나 작은 콜렉션의 경우에, 많은 작은 시리즈로 기록을 나누는 것은 혼란을 초래할 수도 있다. 기록이 공통된 활동(가업)을 가지고 있고, 그 순서를 통해 생산자가 그 기록을 같이 유지했음을 알 수 있다면, 이 기록들을 하나의 시리즈로 만드는 것이 합당하다고 할 수 있다.

    두 번째 시리즈의 주된 초점은 가업과 반대로 개인적인 가족생활에 놓여있다. 이 기록들이 기록을 생산하고 엮은 가족이 같이 보관했는지 우리가 알 길은 없다. 비록 여기서 보여지는 순서대로 아카이브즈에 들어왔다는 사실로 미루어보아 그랬을지도 모른다는 것을 알 수 있지만 말이다. 열쇠는 이 기록이 같은 활동과 관련되어 있다는 점이다. 다시 말하지만, 이 기록들도 두 개의 분리된 시리즈로 만들 수 있다. 그러나 그렇게 하는 것은 매우 작은 시리즈를 만들어낸다. 기록의 형태는 시리즈를 형성하는 데 아무 관련이 없다는 것에 주목해라. 합본은 형태가 아니라 활동에 기반해서 느슨하게 묶어둔 자료에 속한다.

    마지막 시리즈는 시리즈 2와 통합될 수 있을 것으로 생각된다. 왜냐하면 이것은 가족 사업 외적인 측면과 관련 있기 때문이다. 그러나 폴더들이 존 그리터의 보이스카웃 활동이라는 단일한 활동에 특히 더 관련이 있다. 폴더가 아카이브즈에 들어왔을 때 알파벳 순서로 되어 있었다는 점에 주목해라. 만약에 이 기록들이 식별할 수 없는 순서로 들어왔다면 이 기록들을 연대기순으로 정리했을 지도 모른다. 그러나 그들이 정리된 채로 들어왔기 때문에 당신이 발견한 그대로 폴더를 두면 된다.

■ 연습문제 C : 콜렉션, 시리즈 그리고 인수 식별하기

지시사항 :

아래의 각 질문에 맞는 답에 동그라미를 치시오.

1. 같은 사람, 가족, 기업, 사무실, 혹은 다른 개체가 생산하거나 엮은 기록은 **콜렉션, 시리즈, 인수** 라고 불린다.

2. 심프슨 여사가 그녀의 할머니 기록 3상자를 아카이브즈에 기증한다면 그녀는 당신에게 하나의 **콜렉션, 시리즈, 인수**를 준 것이다.

3. 오티스 프리스비 회사 기록(Otis Frisbee Company Records) 중 하나의 큰 기록물 그룹 속 사업 서신은 하나의 **콜렉션, 시리즈, 인수**이다.

4. 하나의 **콜렉션, 시리즈, 인수**는 같은 활동이나 기능에 관련된 기록이다.

5. 위젯 가족(the Widget family)이 생산한 기록으로 작업을 할 때, 당신은 **콜렉션, 시리즈, 인수** 작업을 하는 것이다.

6. 아카이브즈로 같이 기증된 기록은 **콜렉션, 시리즈, 인수**라고 불린다.

7. "마리아 벤슨 기록(Maria Benson Papers)"이라고 불리는 기록 중 12권의 일기 세트는 하나의 **콜렉션, 시리즈, 인수**를 형성한다.

8. 위의 예시에서 제목 "마리아 벤슨 기록"은 **콜렉션, 시리즈, 인수**명이다.

9. 만약에 한 사람이 생산한 기록을 보고 있다면 당신은 **콜렉션, 시리즈, 인수**를 보고 있는 것이다.

10. 모든 콜렉션은 아카이브즈에서의 삶을 **콜렉션, 시리즈, 인수**로 시작한다. 그리고 하나 혹은 더 많은 **콜렉션, 시리즈, 인수**로 구성된다.

연습문제 C 답

1. 같은 사람, 가족, 기업, 사무실, 혹은 다른 개체가 생산하거나 엮은 기록은 **콜렉션**이라고 불린다.

2. 심프슨 여사가 그녀의 할머니 기록 3 상자를 아카이브즈에 기증한다면 그녀는 당신에게 하나의 **인수**를 준 것이다(만약에 심프슨 여사의 할머니가 모든 기록을 생산했거나 엮었다면 이 인수 역시 하나의 콜렉션이다).

3. 오티스 프리스비 회사 기록(Otis Frisbee Company Records) 중 하나의 큰 기록 그룹 속 사업 서신은 하나의 **시리즈**이다.

4. 하나의 **시리즈**는 같은 활동이나 기능에 관련된 기록이다.

5. 위젯 가족(the Widget family)이 생산한 기록으로 작업을 할 때, 당신은 **콜렉션** 작업을 하는 것이다.

6. 아카이브즈로 같이 기증된 기록은 **인수**라고 불린다.

7. "마리아 벤슨 기록(Maria Benson Papers)"이라고 불리는 기록 중 12권의 일기 세트는 하나의 **시리즈**를 형성한다.

8. 위의 예시에서 제목 "마리아 벤슨 기록"은 **콜렉션** 명이다.

9. 만약에 한 사람이 생산한 기록을 보고 있다면 당신은 **콜렉션**을 보고 있는 것이다.

10. 모든 콜렉션은 아카이브즈에서의 삶을 **인수**로 시작한다. 그리고 하나 혹은 더 많은 **시리즈**로 구성된다.

■ 연습문제 D : 인위적인 인수 생성하기(Creating Artificial Accessions)

지시사항 :

이 연습문제의 섹션 1에는 5개의 인수 제목이 있다. 섹션 2에는 인수 제목과 적절하게 매치되는 건들이 있다. 섹션 2의 각 건 별로 매치가 되는 인수 제목 번호에 동그라미 치시오.

섹션 1 : 인수 제목

    1. 윌슨 가족 기록(Wilson Family Papers)

    2. 존슨 시립 고등학교 기록(Johnson City High School Papers)

    3. 팬처 기타 회사 기록(Fancher Guitar Company Records)

    4. 존슨 시 정부 기록(Johnson City Government Records)

    5. 비크맨 가족 기록(Beekman Family Papers)

섹션 2 : 건

1 2 3 4 5   A. 존슨 시 고등학교의 연감, 1954년. 앞 커버 안쪽에 "레오나드 윌슨(Leonard Wilson)"이라고 적혀있음.

1 2 3 4 5   B. 1956년 6월 12일 날짜로 마가렛 체이스(Margaret Chase)가 메러디스 윌슨(Meredith Wilson)에게 보낸 편지

1 2 3 4 5   C. "팬처 인터네셔널 기업본부, 그랜드 라피즈, 1919(Fancher's International Headquarters, Grand Rapid)"라고 적힌 사진

1 2 3 4 5   D. "결혼 기록 – 존슨 시"라는 제목의 책. 1922년부터 1934년까지

1 2 3 4 5   E. 존슨 시립 고등학교의 연감, 1919년

1 2 3 4 5   F. "존슨 고등학교의 교사 지침(1916년)"이라는 제목의 소책자. "레오나드 윌슨"이라고 적혀있음.

1 2 3 4 5   G. "팬처 기타 : 미시건 본부로 이전"이라는 제목의 폴더. 날짜 없음

1 2 3 4 5   H. 비크맨 가족사진 폴더, 1946년-1961년

1 2 3 4 5   I. 1959년 11월 18일 날짜의 조지 하몬드(George Hammond)가 레오나드 윌슨에게 보낸 편지

1 2 3 4 5   J. 팬처 기타 회사의 영수증 책, 1910년-1943년

1 2 3 4 5   K. 마조리 비크맨(Marjorie Beekman)과 그녀의 딸 사이에 주고받은 서신 폴더, 1950년-1964년

1 2 3 4 5   L. 존슨 시 지도, 1926년

1 2 3 4 5   M. 비크맨 암즈 호텔(Beekman Arms Hotel)에서 받은 영수증, 1953년-1955년

연습문제 D 답

인위적인 인수를 만들 때마다, 당신은 사실 인위적인 *콜렉션*을 만들고 있는 것이다. 이 말은 당신은 같은 사람, 가족, 조직, 정부, 사무실 혹은 기업이 생산하고 엮은 기록을 찾고 있다는 말이다. 각 건은 오직 하나의 콜렉션에 속해야 한다. 비록 논리적으로 하나 이상의 콜렉션에 속할 것 같을 지라도 말이다. 연습문제에 나오는 건들은 다음과 같이 그룹 지어질 수 있다.

A. 이 건은 윌슨 가족 기록(1)이나 존슨 시립 고등학교 기록(2)에 들어갈 수 있다. 어디에 두든 큰 문제가 되지는 않는다. 그러나 어느 쪽이 더 논리적인 선택일지를 결정해야 한다. 만약에 이 책이 선반 위나 상자 안에 있었다면 이 기록이 윌슨 가족 문서 혹은 존슨 시립 고등학교 문서 사이에 있었는지 보기 위해 그 주변의 건들도 살펴보아야 한다.

B. 이 편지는 메러디스 윌슨이 받은 것이다. 다른 말로 하면, 비록 그녀가 이 기록을 생산한 것은 아니지만 그녀가 엮었고 수집한 것이다. 이것은 윌슨 가족 기록(1)에 속한다. *일반적으로 원 편지는 편지를 받은 사람의 콜렉션에 속한다. 편지 복사본은 편지를 보낸 사람의 콜렉션에 속한다.

C. 사진은 팬처 기타 회사 기록(3)에 속한다. 왜냐하면 아마도 그 회사에서 생산하거나 엮었을 것이기 때문이다.

D. 결혼 기록은 공식 정부 기록이다. 그러므로 별개의 콜렉션 하나가 존슨 시 정부 기록(4)에 생성되었다. 모든 존슨 시 기록(정부 기록이든 고등학교 기록이든)은 같이 두어야 한다고 주장하는 이도 있을 것이다. 그러나 정부 기록과 고등학교는 두 개의 별개 기록 생산자이다.

E. 이 책은 존슨 시립 고등학교 기록(2)에 속한다. 윌슨 가족 기록에 넣고 싶을 수도 있다. 왜냐하면 다른 연감(1954년)이 레오나드 윌슨 소장품이었기 때문이다. 그러나 윌슨이 이 책을 소유했다는 증거가 없다.

F. 이 건은 윌슨 가족 기록(1)이나 존슨 시립 고등학교 기록(2)에 둘 수 있다. 어디에 두든 큰 문제가 되지는 않는다. 그러나 어느 쪽이 더 논리적인 선택일지를 결정해야 한다. A건처럼 이 소책자와 함께 발견된 다른 기록이 당신의 선택에 영향을 줄 수 있다.

G. 이 건은 팬처 기타 회사 기록(3)에 둘 수 있다.

H. 이것은 비크맨 가족에 속하는 첫 번째 기록이다. 그러므로 빅맨 가족 기록(5)에 두어야 한다.

I. 이 건은 윌슨 가족 기록(1)에 속한다. 이유는 B에서 설명한 이유와 같다.

J. 팬처 기타 회사 기록(3)에 이 건을 두어라.

K. 이 건은 비크맨 가족 기록(5)에 두어라.

L. 이 것은 아마도 존슨 시립 고등학교 기록(2)나 아니면 존슨 시 정부 기록(4)에 속한다. 둘 중 하나에 두어라.

M. 만약에 이 호텔이 비크맨 가족이 소유한 것이라는 증거가 있다면 이 영수증은 비크맨 가족 기록(5)에 둘 수 있다. 만약에 어떤 증거도 찾지 못한다면, 이 기록을 위한 새로운 인수를 만들어야 한다.

■ 연습문제 E : 시리즈 내의 건 정리(Arranging Items within a Series)

지시사항 :

아래 나열된 것은 3개의 시리즈 제목이다. 각 제목 뒤에는 시리즈에 속하는 5개의 건 리스트이다. 각 시리즈의 건을 번호를 매기는 방식으로 (1,2,3 등) 순서대로 정리하라.

주의 : 시리즈 자체는 서로 관련이 없다.

시리즈 제목 : 이블린 드니토 일기(Evelyn DeNito Diaries)

　　　____ 1910-1912

　　　____ 1921-1930

　　　____ 1913-1917

　　　____ 1917-1922

　　　____ 1931-1960

시리즈 제목 : 센터빌 타운 서기 결혼 증서(Centerville Town Clerk Marriage Licenses)

　　　____ 증서 #6840, 11/10/1934, 윌리엄 에버렛 - 재니스 카네스

　　　____ 증서 #6842, 11/12/1934, 존 백스터 - 마가렛 리브

　　　____ 증서 #6902, 02/03/1935, 브루스 킨드 - 베스 클라인

　　　____ 증서 #4006, 06/06/1932, 켈리 오브라이언 - 실비아 덴버

　　　____ 증서 #7321, 08/26/1935, 브라이언 쉘톤 - 디아나 그리어

시리즈 제목 : 달튼 카운티 유언 검인 법원 재산 기록(Daulton County Probate Court Estate Records)

　　　____ 애플, 조니(Affle, Johny) -1819:2

　　　____ 애봇, 마릴린(Abbot Marilyn) -1819:1

　　　____ 보크, 로저(Bork, Roger) -1819:3

　　　____ 배스, 데이비스(Bass, David) -1820:2

　　　____ 액턴, 로라(Acton, Laura) -1820:1

연습문제 E 답

시리즈 제목 : 이블린 드니토 일기

    1910-1912

    1913-1917

    1917-1922

    1921-1930

    1931-1960

일기의 가장 논리적인 정리는 연대순이다. 3번째와 4번째 건이 어떤 이유에선가 겹쳐지는 점은 작은 불일치이지만 시리즈의 전체적인 연대 순서를 어지럽힐 정도는 아니다.

시리즈 제목 : 센터빌 타운 서기 결혼 증서

    증서 #4006, 06/06/1932, 켈리 오브라이언 – 실비아 덴버

    증서 #6840, 11/10/1934, 윌리엄 에버렛 – 재니스 카네스

    증서 #6842, 11/12/1934, 존 백스터 – 마가렛 리브

    증서 #6902, 02/03/1935, 브루스 킨드 – 베스 클라인

    증서 #7321, 08/26/1935, 브라이언 쉘톤 – 디아나 그리어

만약에 이 기록을 알파벳 순서로 두고 싶지만 그렇게 하지 않았다면 당신의 등을 토닥여 주어라. 위에 보여진 번호 순이 적절하다. 왜냐하면 정부 기관은 종종 이런 종류의 기록을 번호순으로 두기 때문이다. 번호순으로 두는 것이 결국 연대순으로 정리하는 결과를 만들어 낸다는 사실을 더한다면 번호순이 기록의 원 순서였을 것으로 보인다.

모든 것을 알파벳 순으로 두고 싶은 유혹을 떨쳐라! 만약에 당신이 10,000건의 기록으로 된 콜렉션을 받아서 신랑 명으로 알파벳 순서로 둔다면 2가지가 분명히 일어날 것이다. 하나는 첫 번째 10명의 연구자는 신부이름만 기억할 것이며 다른 하나는 당신이 재정리를 완료한 다음에 그 기록의 색인이 발견될 것이다. 보장한다!

시리즈 제목 : 달튼 카운티 유언 검인 법원 재산 기록

    1819:1 – 애봇, 마릴린(Abbot Marilyn)

    1819:2 – 애플, 조니(Affle, Johny)

    1819:3 – 보크, 로저(Bork, Roger)

    1820:1 – 액턴, 로라(Acton, Laura)

    1820:2 – 배스, 데이비스(Bass, David)

위의 결혼 기록 시리즈에 적용되는 똑같은 규칙과 (같은 보장이) 여기에도 해당된다. 관공서는 알파벳 순서로 기록을 보관하고 매년 다시 시작한다는 것이 이 정리에서 명확해졌다. 그런 시스템이 그들의 기록에 적용된다면, 당신한테도 마찬가지일 것이다.

▌ 연습문제 F : 콜렉션 내의 시리즈 정리(Arranging Series within a Collection)

지시사항 :

3개의 콜렉션 제목이 아래에 나열되어 있다. 각 제목 뒤에는 그 콜렉션 속의 시리즈 리스트가 있다. 각 콜렉션의 시리즈를 번호를 매기는 방식으로(1,2,3 등) 순서대로 정리하라.
주의 : 3개의 콜렉션 자체는 서로 관련이 없다.

콜렉션 제목 : *스미지 위젯 회사 기록(Smith Widget Company Records), 1906-1960*

    ____ 이사회 회의록, 1915-1957

    ____ 존 스미스 회장 서신, 1906-1942

    ____ 계약 및 세부사항, 1915-1960

    ____ 건설 계획, 1954

    ____ 이사회 아젠다, 1915-1960

    ____ 건설 위원회 회의록, 1952

콜렉션 제목 : *리치랜드 타운 서기 기록(Richland Town Clerk Records), 1860-1940*

    ____ 리치랜드 타운 출생 기록, 1860-1910

    ____ 리치랜드 타운 사망증명서, 1892-1926

    ____ 리치랜드 타운 법 제정위원회, 1899-1940

    ____ 리치랜드 타운 혼인증명서, 1875-1930

    ____ 리치랜드 타운 혼인증명신청서, 1874-1922

    ____ 리치랜드 타운 위원회 회의록, 1899-1903

    ____ 리치랜드 타운 출생 기록 색인, 1860-1910

콜렉션 제목 : *엘리자베스 크롤리 기록(Elizabeth Crowley Papers), 1930-1973*

    ____ 일기, 1930-1973

    ____ 스크랩북, 1938-1972

    ____ 교수 평의회 기록, 1961-1972

    ____ 테뉴어 파일, 1962-1964

    ____ 개인 서신, 1938-1970

    ____ 학생 추천, 1961-1973

연습문제 F 답

콜렉션 내의 시리즈를 정리하는 것은 개인적 선호와 판단의 결과물이다. 이 연습문제에 대해 제시된 답을 여기에서 설명하겠다.

콜렉션 제목 : 스미지 위젯 회사 기록(Smith Widget Company Records), 1906-1960

이사회 아젠다, 1915-1960
이사회 회의록, 1915-1957

존 스미스 회장 서신, 1906-1942

건설 위원회 회의록, 1952
계약 및 세부사항, 1915-1960
건설 계획, 1954

순서를 설명하는 데 도움을 주기 위해 시리즈를 그룹 지어 두었다. 이사회와 관련된 다양한 시리즈가 처음에 온다. 왜냐하면 이사회는 회사의 위계질서에서 가장 높은 자리에 있기 때문이다. 아젠다를 회의록 앞에 두었다. 왜냐하면 아젠다가 시간상 먼저 오기 때문이다. 아젠다는 각각의 이사회 회의 전에 미리 준비되지만 회의록은 각각의 회의 이후에 생산된다.

회장의 기록이 다음이다. 왜냐하면 이사회 다음으로 회장이 회사에서 가장 높은 직위이기 때문이다.

남은 기록들은 모두 건물 건설과 관련되어 있다. 건설을 감독하는 위원회의 회의록을 처음에 두었다. 왜냐하면 그들의 권한이 과정 위에 있기 때문이다. 다른 기록들은 특별한 순서가 없다. 그러나 계약과 세부사항이 건설 계획 앞에 두는 것에 대해서는 이견이 있을 수 있지만 아마도 실제 계획이 나오기 전에 쓰였을 것이기 때문에 앞에 두었다. 이 기록들을 다른 논리적 순서로 둘 수도 있다. 단 하나의 올바른 방법만이 존재하는 것은 아니라는 것을 기억해라.

콜렉션 제목 : 리치랜드 타운 서기 기록(Richland Town Clerk Records), 1860-1940

리치랜드 타운 위원회 회의록, 1899-1903
리치랜드 타운 법 제정위원회, 1899-1940

리치랜드 타운 출생 기록 색인, 1860-1910
리치랜드 타운 출생 기록, 1860-1910

리치랜드 타운 혼인증명신청서, 1874-1922
리치랜드 타운 혼인증명서, 1875-1930

리치랜드 타운 사망증명서, 1892-1926

타운 위원회의 기록을 제일 앞에 두었다. 왜냐하면 이들이 콜렉션에서 가장 높은 권한을 나타내기 때문이다. 두 시리즈의 순서는 특별히 중요하지 않다.

　다음으로는 출생, 결혼 그리고 사망 기록이 온다. 이렇게 둔 이유는 이 순서로 발생하기 때문이다. 출생 기록의 색인이 먼저 오는 것은 아키비스트들은 전통적으로 색인을 기록 앞에 두었기 때문이다. 혼인증명신청서도 혼인증명서 앞에 온다. 다시 말하지만 사건이 일어나는 순서가 그렇기 때문이다.

콜렉션 제목 : 엘리자베스 크롤리 기록(Elizabeth Crowley Papers), 1930-1973

　일기, 1930-1973
　개인 서신, 1938-1970
　스크랩북, 1938-1972

　교수 평의회 기록, 1961-1972
　테뉴어 파일, 1962-1964
　학생 추천, 1961-1973

　이미 언급했지만, 개인 기록 콜렉션에서는 시리즈 사이에 명확한 관계는 없다. 어떤 논리적 순서로 단지 정리할 뿐이다.

　여기서 나는 크롤리 씨의 개인적인 기록과 전문가로서의 삶에 관련된 기록을 그룹화 했다. 이러한 작업에 '정해진' 방법은 없다. 그러나 이것이 논리적 정리처럼 보인다.

참고문헌

아래의 책들은 구체적인 주제에 관해 더 읽어보고 싶은 사람을 위한 것이다. 명확하게 는 더 많은 책이 포함될 수 있겠지만, 여기 추천된 책들은 작은 아카이브즈를 위한 기 본적인 참고문헌이다. 대부분은 알타미라 프레스(AltaMira Press, www.altamirapress.com)나 미국 아키비스트 협회(www.archivists.org)를 통해 이용 가능하다.

일반 서적(General Works)

Dearstyne, Bruce W. *Managing Historical Records Programs: A Guide for Historical Agencies*. Nashville, TN: American Association for State and Local History, 2000.

Describing Archives: *A Content Standard(DACS)*. Chicago: Society of American Archivists, 2004.

Ellis, Judith, ed. *Keeping Archives*. 3rd ed. Canberra: Australian Society of Archivists, 2008.

Hunter, Gregory S. *Developing and Maintaining Practical Archives: A How-To-Do-It Manual*. 2nd ed. New York: Neal-Schuman Publishers, 2003.

Millar Laura. *Archives: Principles and Practices*. New York: Neal-Schuman Publishers. 2010.

Schmidt, Laura. *Using Archives: A Guide to Effective Research*. Chicago: Society of American Archivists, 2011. (Avaliable for download at http://www2.archivists.org/usingarchives.)

Yakel, Elizabeth. *Starting an Archives*. Chicago: Society of American Archivists and Scarecrow Press, 1994.

Zamon, Christina J. *The Lone Arranger: Succeeding in a Small Repository*. Chicago: Society of American Archivists, 2012.

특수 서적(Specialized Work)

대학 아카이브즈

Campus Case Studies. Society of American Archivists. An online portal to downloadable cases studies specifically for colleges and universities. http://www2.archivists.org/publications/epubs/Campus-Case-Studies.

Maher, William J. *The Managemet of College and University Archives.* Chicago: Society of American Archivists and Scarecrow Press, 1992.

Prom, Christopher J. and Swain, Ellen D., eds. *College and University Archives: Readings in Theory and Practice.* Chicago: Society of American Archivists, 2008.

Samuels, Helen W. *Varsity Letters: Documenting Modern Colleges and Universities.* Chicago: Society of American Archivists and Scarecrow Press, Inc., 1992.

전자기록, 관리

Colati, Gregory C. and Colati, Jessica Branco. *A Beginner's Guide to Metadata! [A web seminar on 1 CD].* Chicago: Society of American Archivists, 2008.

Dow, Elizabeth. *Electronic Records in the Manuscript Repository.* Lanham, MD: Scarecrow Press, 2009.

Huth, Geoffrey A. *Basics of Managing Electronic Records…Getting you Started! [A web seminar on 1 CD].* Chicago: Society of American Archivists, 2008.

시설

Pacifico, Michele F. and Wilsted, Thomas, eds. *Archival and Special Collections Facilities: Guidelines for Archivists, Librarians, Architects, and Engineers.* Chicago: Society of American Archivists, 2009.

Wilsted, Thomas P. *Planning New and Remodeled Archival Facilities.* Chicago: Society of American Archivists, 2007.

형식

Sample Forms for Archival and Records Management Programs. By ARMA International and Society of American Archivists, 2002.

정부 기록

Dearstyne, Bruce W. *The Management of Local Government Records: A Guide for Local Officials.* Nashville, TN: American Association for State and Local History, 1988.

인터넷 및 웹 2.0

Theimer, Kate. *A Different Kind of Web: New Connections Between Archives and Our User.* Chicago: Society of American Archivists, 2011.

___________. *web.2.0 Tools and Strategies for Archives and Local History Collections.* New York: Neal-Schuman Publishers, 2010.

도서관 아카이브즈

Phillips, Faye. *Local History Collections in Libraries.* Englewood, CO: Libraries Unlimited, 1995.

박물관 아카이브즈

Wythe, Deborah. *Museum Archives: An Introduction.* 2nd ed. Chicago: Society of American Archivists, 2004.

사진

Ritzenthaler, Mary Lynn and Vogt-O'Connor, Diane L., with Zinkham, Helena. *Photographs: Archival Care and Management.* Chicago: Society of American Archivists, 2006.

보존

Ritzenthaler, Mary Lynn. *Preserving Archives and Manuscripts.* 2nd ed. Chicago: Society of American Archivists, 2010.

대중 프로그램

Wosh, Peter J. and James, Russell D. *Public Relations and Markcting for Archivcs.* Chicago: Socicty of American Archivists and Neal-Schuman Publishers, 2011.

소프트웨어 평가

Spiro, Lisa. *Archival Content Management Systems [A web seminar on 1 CD].* Chicago: Society of American Archivists, 2009.

기록학 필수 시리즈

미국 아키비스트 협회는 "현대 기록 이론 및 실행을 위한 기초를 제공하기"위해 이 시리즈를 발간했다. 이들 중 대다수는 개정되고 있어서 저자와 출판 날짜는 변경될 것이다. 시리즈 내의 7개 글은 모두 미국 아키비스트 협회에서 출판한 것이다.

Boles, Frank. *Selecting and Appraising Archives and Manuscripts.* 2005.

Kurtz, Michael J. *Managing Archival and Manuscript Repositories.* 2004.

O'Toole, James M. and Cox, Richard J. *Understanding Archives and Manuscripts.* 2006.

Pearce-Moses, Richard. *A Glossary for Archival and Records Terminology.* 2005.

Pugh, Mary Jo. *Providing Reference Services for Archives and Manuscripts.* 2010.

Ritzenthaler, Mary Lynn. *Preserving Archives and Manuscripts.* 2010.

Roe, Kathleen. *Arranging and Describing Archives and Manuscripts.* 2005.

유용한 링크

Art & Architecture Thesaurus: http://getty.edu/research/tools/vocabularies/aat/

Keywords for Digital Newsphoto Archives: http://www.ibiblio.org/slanews/archiving/terms/photowords/htm

Library of Congress Subject Headings(and other Authorities): http://authorities.loc.gov/cgi-bin/Pwebrecon.cgi?DB=local&PAGE=First

Medical Subject Headings: http://www.nlm.nih.gov/mesh/

Thesaurus for Geographic Names: http://www.getty.edu/research/tools/vocabularies/tgn/

Thesaurus for Graphic Materials: http://www.loc.gov/rr/print/tgm1/ and http://www.loc.gov/rr/print/tgm2/toc.html

Union List of Artist Names: http://www.getty.edu/research/tools/vocabularies/ulan/index.html

찾아보기

지은이 소개

데이비드 W. 카마이클(David W. Carmicheal)

카마이클은 전(前) 조지아 아카이브즈 및 역사 부서(Georgia Department of Archives and History)의 장으로 11년간 이 조직을 이끌었다. 조지아 아카이브즈에 합류하기 전에 그는 뉴욕의 웨스트체스터 카운티 아카이브즈 (Westchester County Archives)를 설립했고 기록 및 아카이브즈 센터 장으로 16년간 재직했다. 그는 아즈베리 대학(Asbury College)에서 역사학 및 영문학 학사를 받았고 역사 및 기록학 석사학위는 웨스턴 미시건 대학(Western Michigan University)에서 받았다. 그는 미국 아키비스트 협회의 특별회원이다. 카마이클은 작은 아카이브즈와 직업 아키비스트를 위한 워크숍을 1986년부터 시작했다. 이 책은 그런 노력의 결과로 나왔다.

옮긴이 소개

신필립

고려대학교에서 역사를 공부했고,
국가기록원에서 기록연구사로 일하고 있다.